한 줄 내공

일러두기

1. 일본에서 출간된 도서의 이름은 번역하여 표기하되 국내 출간이 확인되는 도서의 경우 국내 도서의 이름으로 변경해 표기하였다.

2. 원서에서 소개한 책 속 문장은 국내에 번역 출간된 같은 책 문장과는 상이할 수 있다.

3. 독자의 이해를 돕기 위해 특별히 해설이 필요한 인물에 대해서는 괄호로 처리하여 설명을 덧붙였다.

사이토 다카시 지음 · 이지수 옮김

한 줄 내공

이 한 문장으로 나는
흔들리지 않는 법을
배웠다

다산북스

Part 1
불안을
이겨내는
말

Part 2

상처를
위로하는
말

Part 3
벽을
돌파하는
말

Part 4

삶을
긍정하는
말

Part 5

나답게
살기 위한
말

가슴에 품은 한 줄의 글이
나를 성장하게 한다

인생은 길다. 이토록 긴 인생의 여정에서 사람이라면 누구나 반드시 '벽'에 부딪히기 마련이다. 대입 실패, 따돌림, 실직, 가난, 가까운 이들의 죽음⋯⋯. 그런데 삶에서 맞닥뜨리는 무수한 벽을 뛰어넘지 못하면 절대로 한 걸음도 앞으로 나아갈 수 없다. 이때 벽을 돌파하는 원동력이 희망이며, 희망은 말과 글로써 피어나고 지속된다.

지금은 메이지 대학 교수로 학생들을 가르치고 있지만, 나 역시 벽에 가로막혀 인생을 포기하고 싶었던 적이 한두 번이 아니다. 대학 진학에 실패한 후 어디에도 소속되지 못했다는 열등감에 몸서리쳤고, 장장 8년이라는 시간 동안 대학원에 다니면서 나이는 서른이 넘었으며, 이렇다 할 직장도 없는 빈털터리에 힘들게 써낸 논문마저 인정받지 못했다. 누군가 나에게 "무슨 공부를 하시죠?" "수입은 얼마나 되나요?"라고 물으면 불안하고 초조해 도망치고만 싶었다. 주변 친구들은 한참이나 앞서 나가고 있는데 나는 되는 일도 없고 계속 제자리걸음만 걷고 있는 인생의 패배자가 된 것 같아 대학원을 몇 번이고 때려치우려고도 했다.

이런 불안과 회의감 속에서 나를 방황하지 않도록 붙잡아준 것이 바로 책 속 문장들이었다. 홀로 어지러운 세상에 맞서 싸운 무사의 이야기 『어느 메이지인의 기록』을 되새기며 나도 벽을 돌파할 수 있겠다는 용기를 얻었다. 기약 없는 시간강사로 가난한 생활을 이어가던 때에도 책 속 문장들은 나에게 도움을 주었다. 내가 가는 길이 틀린 길은 아닌지 불안할 때마다 옛 선현들의 이야기를 읽으며 답을 구했고, 명언을 쓰고 외우기를 반복하며 마음을 단단하게 다졌다. 때때로 마주치는 인생의 큰 벽에도 좌절하지 않고 목표를 향해 한 걸음씩 전진할 수 있었던 까닭은 책을 필사하고 암송하는 과정을 통해 영혼을 뒤흔드는 문장들을 가슴속 깊이 새기고, 나만의 내공을 쌓았기 때문이다.

쓰고 암송하고 사색하는
시간의 힘

언어는 마음의 형태이자 정신의 구현이다. 단순한 감정은 표정으로 드러나지만 복잡한 마음과 정신은 그렇게 전달되기가 어렵다. 오직 말이나 글을 통해 전달되고 계승될 뿐이다. 예술가 정신이나 스포츠 정신, 고난을 헤쳐나가는 힘이나 포기하지 않는 끈기 등은 언어로써 전해지고 우리의 마음속에 새겨진다.

그래서일까? 위대한 지도자들은 지혜의 정수라 불리는 고전을 탐독했다고 전해진다. 만유인력의 법칙을 발견한 뉴턴은 책을 읽다가 마음에 꽂힌 문장을 발견하면 그 문장과 함께 자신의 생각을 독서노트에 적었으며, 독일의 철학자 헤겔은 필사노트를 보물처럼 간직하며 수시로 들춰보았다고 한다. 링컨은 평생의 취미로 키케로, 셰익스피어의 작품을 암송했으며, 칸트는 고대 로마 고전작품을 단 한 줄도 틀리지 않고 암송했던 것으로 유명하다. 무언가 잘 풀리지 않는 일이 있거나 벽에 가로막혀 앞으로 나아갈 수 없다고 생각될 때,

그들은 모두 자신이 간직한 한 줄의 글로 벽을 돌파하고 성
장을 이루어냈던 것이다.

　요즘은 많은 현대인들이 스트레스나 패배감, 열등감과 같
은 마음의 문제로 괴로워하는데, 그 원인은 결코 외적인 스
트레스뿐만이 아니다. 마음속 자존감의 두께가 얇아져 작은
고난에도 쉽게 상처받기 때문이다. 과거 동양에서 논어를 활
발히 암송하던 시대에는 사람들의 마음이 매우 단단하게 안
정되어 있었다. 가난한 시골 집안에서 태어나 작은 회사의
기술자로 일했지만 연 매출 5조 엔이 넘는 세계 최고의 세라
믹 회사 '교세라'를 창립한 경영의 신 이나모리 가즈오는 어
렸을 때부터 익힌 논어의 가르침이 지금의 자신을 만들었다
고 했다. 삼성의 설립자 이병철 회장 역시 자신의 모든 경영
비법은 논어에서 비롯되었다고 고백한 바 있다. 또 지금은
시를 암송하는 문화가 거의 사라지고 없는데, 중국에서는 초
등학교에서 시 300수를 암송하게 하여 시인들이 가진 인식
의 큰 그릇을 자신의 것으로 만들게 하고 있다.

어떻게
나만의 명언을 만들 것인가?

그렇다면 나만의 명언을 찾기 위해서는 어떻게 해야 할까? 그 힌트는 '독서법'에 있다. 요즘은 책에 밑줄을 그으며 읽는 사람이 별로 없다. 특히 내가 가르치는 학생들을 보아도 독서를 사치로 여기며 취업 준비에만 몰두한다. 이는 독서가 인생을 바꾸는 유일한 방법이자, 책 속 한 줄의 문장이 나의 뼈와 살이 되어 인생을 단단하게 지탱해준다는 사실을 몰라서가 아닐까?

이제부터라도 책을 읽으며 감동받은 문장을 발견하면 밑줄을 긋거나 동그라미 쳐두는 습관을 들여보도록 하자. 그러고는 곧바로 노트에 옮겨 적거나 다른 사람에게 이야기해보자. 그러면 자연스럽게 그 문장을 머릿속에 입력하게 되어 고난의 순간마다 인용하고 꺼내어볼 수 있게 된다. 또 생각하는 힘, 나와 타인 나아가 세상을 이해하는 유연한 마음을 갖게 되어 인생을 더 순탄하게 살아갈 수 있다.

나만의 명언집이 있으면 내 마음속에 그 말을 한 사람이 사는 것 같아서 마치 내 편이 잔뜩 생긴 듯 마음이 든든해진다. 물론 친구나 지인 중에도 좋은 말을 해주는 사람이 있겠지만, 그것은 나와 비슷한 경험치를 가진 사람의 일상에서 나온 말일 뿐이다. 모처럼 내 편을 만든다면 괴테나 도스토옙스키, 모차르트와 같은 거장이 더 좋지 않을까? 설령 비슷한 내용이라고 해도 인생을 치열하고 심도 있게 살았던 현자의 말은 무게와 깊이가 다르기 때문이다. 말이란 누가 했는지도 중요한 법이다.

"인간은 설령 절망의 밑바닥에 떨어져도
반드시 기어올라갈 수 있는 존재다.
누구나 그런 힘을 지니고 있다.
단단한 정신이 있는 한 분명 희망을 발견할 수 있다."

이 말은 가장 아름답고 찬란하게 빛나야 할 청춘의 시절, 좌절과 고난, 끝없는 외로움과 지독한 가난에 빠져 허우적대던 나를 메이지 대학 교수로 만들어준 다짐의 문장으로, 이 책을 읽는 독자들에게 선물하고 싶은 말이기도 하다. 당신에게도 자신을 지탱해주는 한 문장이 있는가? 지금부터라도 책을 읽다가 좋은 문장을 만나면 따로 적어두고 소리 내어 읽고 외어보도록 하자. 물론 노래 가사나 전광판 속 광고 문구도 괜찮다. 내가 살면서 겪은 경험과 거장의 지혜가 더해지면 누구도 쉽게 흉내 낼 수 없는 단단한 내공이 만들어질 것이다.

사이토 다카시

Part 1

불안을 이겨내는 말

공부에 몰두하다가도 이따금씩 길을 잃은 것 같은 충격과 상실감에 시달릴 때가 있었다. 이 길이 정말 나의 길이 맞는지, 노력하면 정말로 꿈을 이룰 수 있는지, 아니면 이쯤에서 포기하고 만족해야 하는지 거대한 불안에 사로잡혀 매사에 의욕을 잃었던 그때 나는 이 문장들을 만나고 다시 앞으로 나아갈 힘을 얻었다.

주춤하고 꾸물대는 인생에 미래란 없다. 고민과 불안에 발이 묶이면 한 발자국도 나아갈 수 없다. 그러므로 현재의 작은 성취에 만족하거나 소소한 난관에 봉착할 때마다 다음에 이어질지 모르는 장벽을 걱정하며 미래를 향한 발걸음을 멈춰서는 안 된다. 인생의 성공이란 불안과 두려움을 이겨내고 목표를 향해 적극적으로 나아가는 사람의 것이기 때문이다.

01

앞날을 내다보며 점을 이을 수는 없습니다.
오직 과거를 돌이켜봄으로써
현재를 연결 지을 수 있을 뿐입니다.

그러니 지금은 현재 직면한 각각의 점이
미래에 어떻게든 연결될 거라 믿고 몰두해야 합니다.
저는 이런 생각을 버린 적이 없습니다.
그리고 이러한 믿음이 제 인생을 바꿔놓았습니다.

-스티브 잡스, '스탠포드 대학교 졸업식 연설문' 중에서

스티브 잡스(Steve Jobs) 1955∼2011년. 미국의 기업가이자 애플의 창업자. 1976년 스티브 워즈
니악과 함께 애플컴퓨터를 개발함으로써 퍼스널 컴퓨터(PC) 시대를 열었다. 애플의 CEO로 활동
하며 아이폰, 아이패드를 출시해 IT업계에 새로운 바람을 불러일으켰다. 췌장암으로 인한 건강
상태 악화로 2011년 10월 사망하였다.

삶에 우연이란 없다,
오직 필연만 있을 뿐

애플의 창업자 스티브 잡스는 2005년 열린 스탠포드 대학교 졸업식에서 인생의 선택 하나하나를 '점'에 비유하며 이런 말을 남겼다. 지금 내가 하고 있는 일이 나에게 어떤 영향을 줄지 미래에 어떤 도움이 될지 확신할 수 없어도, 훗날 과거를 되돌아보면 어떻게든 연결되어 내 인생에 큰 영향을 미쳤음을 깨닫게 될 것이라는 뜻이다.

잡스의 말에 따르면 삶에 있어 우연히 발생한 일이란 없다. 과거가 현재의 원인이듯, 지금 이 순간은 미래에 일어날 어떤 일의 원인이 된다. 즉, 과거의 점이 하나둘 모여 필연의 결과를 만들어낼 뿐이다. 그렇기에 우리는 알 수 없는 미래에 대한 두려움으로 움츠러들기보다는 현재를 충실하고 우직하게 살아나가야 한다. 그것이 바로 잡스가 전하고 싶었던 진정한 삶의 태도다.

지금 이 순간이
골든타임이라는 믿음으로

1955년 스티브 잡스는 미국 위스콘신 대학교의 대학원생이었던 미혼모에게서 태어났다. 그런데 그의 외할아버지는 생모가 아이를 키우는 것에 극심히 반대했고, 잡스는 평범한 노동자 부부의 가정으로 입양되어 자랐다. 그렇게 17년이 지나 잡스는 리드 칼리지에 입학했는데 비싼 학비 탓에 부모님이 저축해둔 돈을 탈탈 털어야 하는 모습을 보고는 6개월 만에 돌연 중퇴를 선언했다. 나중에 무엇을 하고 살지, 대학을 나오면 그게 무슨 도움이 될지 당시에는 불안한 마음이 컸지만, 애플의 경영자가 된 이후에는 대학 중퇴를 자신의 인생을 통틀어 내린 결정 중 최고의 것이었다고 회상하기도 했다.

어쨌든 잡스는 대학을 나와 18개월 동안 캠퍼스 주변을 어슬렁거리며 자신이 흥미를 느끼는 과목들을 청강하기 시작했다. 그중 하나가 서체 관련 강좌였는데, 당시 리드 칼리지에는 미국 최고의 서체학 강좌가 개설되어 있었다. 잡스는 서체학 강좌를 통해 다양한 서체와 글자 조합에 따른 자간의 변화를 배웠다. 당시에는 이런 기술을 어디에 써먹을지 전혀 예상하지 못한 채 그저 좋아하는 마음으로 배웠는데, 이는 놀랍게도 10년 후 매킨토시 컴퓨터를 설계할 때 뜬금없이 등장해 그를 도와주었다. 잡스는 대학 시절에 배운 서체에 관한 지식으로 매킨토시 컴퓨터를 서체가 가장 아름다운 최초의 퍼스널 컴퓨터로 개발했고 IT 역사에 한 획을 그었다.

잡스는 스탠포드 대학교 졸업식 연설에서 다음과 같은 말을 덧붙였다.

"제가 대학을 중퇴하지 않았더라면 서체학 강좌를 듣지 못했을 테고, 퍼스널 컴퓨터는 현재와 같은 아름다운 서체를 갖지 못했을 것입니다. 과거 제가 대학에 다니던 때에는 앞을 내다보고 점을 연결하기가 불가능했습니다. 그러나 10년 후 돌이켜 생각해보니 그 점들의 의미가 매우 명확해졌습니다. 제가 첫 매킨토시 컴퓨터를 디자인할 때 비로소 모든 것이 내게로 되돌아왔습니다. 저는 그 모든 것을 매킨토시의 디자인에 고스란히 담았습니다."

당신은 '미래에 어떤 결과가 발생할지 모른다'는 생각으로 지금 이 순간을 열심히 살아가는 사람인가, 아니면 그저 멍하니 앉아 얼마든지 잡을 수 있는 기회들을 놓쳐버리는 사람인가? 사실 성공과 실패는 여기에서 갈린다고 해도 과언이 아니다. 현재에 충실하다는 것은 다시 말해 삶을 긍정한다는 뜻이다. 삶을 부정하면, 즉 삶을 우연의 산물이라고만 생각하면 열심히 살기는커녕 어떻게든 현재의 삶으로부터 도망치려고 하게 된다. 그로 인해 생기는 결과가 어떨지는 구태여 설명할 필요도 없다.

지금이 내 인생의 골든타임인지 아닌지는 타임머신을 타고 미래로 가보지 않는 이상 절대로 알 수 없다. 그러니 현실이라는 시간에 몸을 내던져 현재의 공기를 온몸으로 맞아보는 수밖에 없다. 물론 앞을 내다보고 계획을 세워 인생을 준비하는 자세도 중요하겠지만, 잡스의 조언처럼 지금 나에게 주어진 일들이 하나의 기회라 생각하고 전력을 다해보는 건 어떨까? 그러다 보면 점과 점이 하나둘 이어져 원하던 미래가 필연으로 다가오는 기적이 펼쳐질 것이다.

02

지나간 불행을 한탄하는 것은
새로운 불행을 불러들이는 지름길이다.

운명이 어쩔 수 없는 재난을 가져다주었을지라도
인내하면 그 재난을 웃어넘길 수 있다.

도둑을 맞고도 싱글벙글 웃는 사람은
도둑으로부터 다시 빼앗을 수 있는 사람이고,
마냥 한탄하고 있는 사람은 자기 자신마저 잃게 된다.

-윌리엄 셰익스피어, 『오셀로』 중에서

윌리엄 셰익스피어(William Shakespeare) 1564~1616년. 영국이 낳은 세계 최고의 극작가 겸 시인. 희 · 비극을 포함한 총 38편의 희곡과 여러 권의 시집 및 소네트를 펴냈다. 『오셀로』는 『햄릿』 『맥베스』 『리어왕』과 함께 셰익스피어 4대 비극으로 손꼽힌다.

반성과 후회를 정확히 구분하라

악순환의 고리에서 빠져나오기 위해서는 지나간 불행에 대한 후회를 멈춰야 한다. 이때 우리는 '반성'과 '후회'를 정확하게 구분할 줄 알아야 한다. 반성은 지나간 불행을 딛고 앞으로 나아갈 힘을 얻는 동기이고, 후회는 불행 그 자체에 머물러 종국에는 자신마저 파멸시키고 마는 감정이다. 슬럼프에 빠졌을 때 단호하게 후회를 멈추고 다음 단계로 나아가는 사람들을 가리켜 '승부사'라고 부른다. 후회만 거듭하면 부정적인 감정이 내 몸과 마음에 쌓여 자책감과 우울함만 불러일으킬 뿐이다.

지나간 일에 대한 후회를 멈추는
세 가지 특효약

그렇다면 후회를 멈추는 방법은 무엇일까? 첫 번째

는 '깨끗이 마음을 비워내기'다. 프로젝트나 팀 과제를 진행하다 보면 처음의 기획이 도중에 틀어져버리는 경우가 많다. 그럴 때 스스로를 자책하기도 하지만, 상대방에게 문제가 있는 건 아닌가 하고 남을 비난하는 마음이 생겨나기도 한다. 일이 틀어지는 대부분의 원인은 어느 한 사람의 잘못 때문이라기보다는 여러 가지 상황이 얽히고설켜 그렇게 된 것이니 잘잘못이나 인과관계를 따져본들 그다지 큰 의미가 없다. 그보다는 오히려 '이 일은 나와 인연이 아니었나 보다' 하고 깨끗이 마음을 비워내는 편이 낫다. 이는 인간관계에 있어서도 마찬가지다. 나는 마음이 잘 맞지 않는 사람을 만나면 '이번에는 인연이 아니지만 다음에는 좋은 인연으로 다시 만날 수 있겠지'라고 생각하고는 마음을 정리한다. 그러다 보면 생각지도 못한 곳에서 또 다른 인연이 생겨나기 마련이다.

두 번째는 '남에게 털어놓기'다. 혼자 자책하고 후회하면 기분만 푹 가라앉는다. 그럴 때는 가만히 앉아만 있지 말고 누군가를 만나 본심을 시원하게 털어놓으면 기분도 해소되고 위로도 받을 수 있다. 물론 생각을 자기 안에 담아두면서 성숙시켜야 한다는 의견에는 동의한다. 하지만 '생각을 말로 표현하지 않으면 체한다'는 말도 있듯이, 머릿속에 부정적인 생각이 가득 차면 정신적으로 위험해질 수 있다. 한꺼번에 터져 우울함에 휩싸이기 전에 능숙하게 부정적인 생각을 해소해야 한다. 후회를 속으로만 되뇌면 도리어 그것은 자신을 상처 내는 칼이 되고 만다. 말로써 표출할 때 마음에 쌓인 후회의 감정이 해소된다. 말이 마음속 응어리를 흘려보내주는 역할을 하기 때문이다.

세 번째는 '무언가에 몰두하기'다. 후회라는 감정에 휩싸여 일을 지속하기 어려울 때 시간을 흘려보낼 수 있는 다른 소일거리에 몰두하면 기분을 환기시킬 수 있다. 주변 사람들과의 관계가 좋지 않아 홀로 자책하고 괴로워하던 시절, 나는 가까운 하천에서 돌을 주워와 열심히 닦았다. 돌을 닦고 있는 동안에는 신기하게도 온 정신이 손끝에 집중되어 나를 괴롭히는 주변 환경에서 완벽하게 벗어날 수 있었다. 별것 아닌 소일거리지만 무언가 다른 일에 집중하다 보면 리셋된 마음으로 하던 일에 돌아갈 수 있는 힘을 얻게 된다.

지나간 불행에 발목 잡혀 앞으로 나아갈 힘을 잃어버렸다면 나처럼 후회를 멈추는 방법을 찾아 시도해보길 바란다.

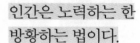

03

인간은 노력하는 한
방황하는 법이다.

-요한 볼프강 폰 괴테, 『파우스트』 중에서

요한 볼프강 폰 괴테(Johann Wolfgang von Goethe) 1749∼1832년. 독일의 작가. 괴테의 대표작으
로 꼽히는 『파우스트』는 구상에서 완성까지 무려 60년이 걸린 대작으로 세계문학 최대 걸작 중
하나다. 그 밖에 대표작으로는 『젊은 베르테르의 슬픔』과 『빌헬름 마이스터 편력시대』 등이 있다.

최고를 추구하는 사람은
방황하기 마련이다

아마도 나를 비롯한 많은 사람들이 파우스트를 읽고 이 한 줄의 문장을 가슴에 새겼으리라. 일본을 대표하는 문예평론가 가메이 가쓰이치로 역시 이 말을 통해 용기를 얻었다고 고백한 바 있다.

사람들은 누구나 미래에 대한 불확실성으로 인해 불안감을 안고 살아간다. 특히 청춘의 시기에는 더욱 불안해하고 방황한다. 나는 그런 친구들에게 파우스트 속 이 문장을 선물해주고 싶다.

자신의 분야에서 큰 성공을 거둔 사람들은 방황의 시기를 겪지 않고 늘 승승장구한 삶을 살아왔을 것 같지만, 실은 그들도 늘 방황하고 있다. 가장 좋은 예로 프로야구팀 마이애미 말린스의 스즈키 이치로 선수를 들 수 있다. 세계적인 야구 천재라 불리는 그는 해마다 타격 폼을 바꾸기로 유명하다. 특히 메이저리그에 진출한 이후에는 미국 투수들의 피칭 스타일에 맞춰 오른쪽 다리의 각을 줄이는 변화를 주었는데, 그 결과 메이저리그 한 시즌 최다 안타 기록에 본인의 이름을 올릴 수 있었다. 이러한 그의 지속된 타격 폼 변화는 그가 최고를 추구하기에 방황하고, 목표를 이루기 위해 노력하고 있다는 사실을 보여주는 증거다.

방황이란 새로운 삶을 위한
출발점

청춘에게 방황을 허락하지 않는 시대다. 사회가 정해놓은 타이밍에 맞춰 살아가는 것이 미덕이라 여겨지는 세상에서 방황은 시간 낭비이고 경쟁에서 뒤처지는 '루저'의 행동이라 여겨진다. 그래서일까? 방황하고 있다는 생각이 들면 재빠르게 다음 목적지로 가는 정답을 찾으려고 애쓴다. '지금처럼 중요한 순간에 우왕좌왕 방황해서는 안 돼'라고 생각하고는 전문가의 조언을 구하거나 롤모델을 그대로 따라 하기를 반복한다.

사실 고등학교에 다닐 때까지만 해도 방황할 기회가 별로 없었다. 대학 입학이라는 목표가 분명했기 때문이다. 그저 주어진 목표를 향해 열심히 페달만 밟으면 그것으로 충분했다. 하지만 대학에 들어가고 사회에 나오면 내 삶을 내가 선택할 수 있다는 권리가 생기면서 정해진 궤도를 벗어나 스스로 방향을 찾고자 하는 마음이 꿈틀대기 시작한다. 바로 그때 인간은 방황을 경험한다.

나는 개인적으로 청춘에게 있어 방황은 꼭 필요한 과정이라고 확신한다. 방황하지 않는다는 건 그만큼 자기 삶에 대한 고민이 없다는 뜻이기 때문이다. 사실 방황의 진정한 의미는 나를 알아가는 올바른 과정이다. 자기 삶을 살아나가겠다는 욕망의 출발점이자, 불완전하고 나약한 나일지라도 끝내 나만의 길을 찾아내겠다는 고집스러움이다. 주위를 어슬렁거리며 부딪쳐도 보고 깨져도 보면서 자기 생각을 단단하게 만들어가는 과정이다. 길을 잃어본 사람만이 길을 찾을 수 있는 법이다.

그러니 방황하고 노력하며 삶을 증명하는 기회를 청춘에게 주어야 한다. 냉혹한 현실에 맞서 끊임없이 노력하다 보면 결과적으로 자기 자신과 운명이 변하게 될 것이다.

04

뽕잎이라는 시간이 있고,
우리는 작은 누에 한 마리라 칩시다.
그 누에가 열심히 시간을 갉아먹겠지요.

눈에 보이는 것을 갉아먹으며 고치를 만들어갑니다.
그것이 인생 아니겠습니까.

-후지모토 기이치, '문예춘추 강연회 연설' 중에서

후지모토 기이치(藤本義一) 1933~2012년. 작가. 1968년 장편 『잔혹한 동화』로 소설가로 데뷔했다. 두 번째 작품 『지리멘자코』로 제61회 나오키상 후보에 올랐으며, 1974년 만담가의 반생을 그린 작품 『도깨비의 시』로 제71회 나오키상을 수상했다.

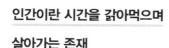

인간이란 시간을 갉아먹으며
살아가는 존재

사람과 시간과의 관계를 '누에'와 '뽕잎'에 비유한 후지모토 기이치의 말은 작가다운 매우 참신한 사고방식이다. 잎의 크기는 사람에 따라 다르지만, 우리는 모두 그 잎을 먹으며 살아간다. 시간에 관한 명언을 많이 남긴 경영학의 아버지 피터 드러커도 "시간은 인간에게 있어 최대의 자원이다"라는 유명한 말을 남겼다.

문제는 이 자원을 어떻게 쓸 것인가이다. 하루하루 잎을 먹어 없애고 있다는 사실만 깨달아도 다행이지만, 가급적 '영양분이 되도록 먹는다'고 생각하면 한층 더 계획적이고 적극적인 자세로 살아갈 수 있다.

한편으로는 자신이 제대로 된 고치를 만들고 있는지도 자문해볼 필요가 있다. 자신 있게 "그렇다"라고 대답하고 싶다면, 매일 한 시간만이라도 좋으니 스스로를 풍요롭게 만드는 시간을 가져야 한다. 나는 그러한 방법으로 '독서'를 강력하게 추천한다. 한정된 시간(자원) 동안 가장 방대하고 깊은 지식을 체득할 수 있는 방법이 독서이며, 몸의 피로와 머릿속 스트레스를 해소하는 가장 좋은 방법도 독서이기 때문이다. 실제로 영국 서섹스 대학교 인지심경심리학과 데이비드 루이스 박사팀이 연구한 결과에 따르면 독서, 산책, 음악 감상, 게임, 커피 마시기 등 스트레스를 풀기 위한 활동들 중 가장 효과가 높은 것은 독서라고 한다. 단 6분간의 독서만으로도 스트레스가 68퍼센트 감소됐고, 심박수가 낮아지며 근육의 긴장이 풀어졌다는 것이다.

시간관리가 곧 인생관리다

하루 24시간 똑같은 시간을 보내는데 누군가는 항상 시간이 모자라 헉헉대며 일에 휘둘리고, 누군가는 해야 할 일을 야무지게 해내면서도 자신이 하고 싶은 일까지 하며 여유 있게 산다. 나는 이것이 업무 강도나 능력의 차이만은 아니라고 생각한다. 스스로 시간의 주인이 되어 얼마나 알차게 시간이라는 자원을 운용하고 있는가에서 비롯된 차이다. 습관적으로 눈앞에 닥친 일을 해결하는 데 급급하면서 살 게 아니라, 일의 우선순위를 정하고 쉽게 버려지는 시간들을 모아 해야 할 일과 하고 싶은 일 사이에서 제대로 균형을 잡으며 사는 것의 차이인 셈이다.

그러고 보면 '너무 바쁘다'는 말은 나를 더 열심히 살아가도록 만드는 것이 아니라 꼭 해야 할 일들을 뒤로 미루게 하는 핑계가 될 때도 많다는 생각이 든다. 일찍 퇴근해 아이와 놀아준다거나 이전부터 배우고 싶었던 기타 수업에 등록하는 것 따위를 미룰 때 우리는 흔히 '너무 바쁘다'라는 말을 하지 않았던가? 잘 따져보면 낭비되는 시간이 있는데도 시간을 제대로 관리해야겠다는 생각은 좀처럼 하지 않는다.

'승자는 시간을 관리하며 살고 패자는 시간에 끌려다니며 산다'는 말이 있다. 모든 사람에게 공평하게 주어진 자원은 오직 시간뿐이다. 그 시간을 어떻게 활용하는가가 한 사람의 하루와 일주일, 더 나아가 인생 전체를 바꿀 수 있다는 사실을 잊지 말아야 한다.

05

수학자는 가설 없이 나아갈 수 없으며
실험과학자는 더욱더 그렇다는 것을 보아왔다.
그래서 이 모든 건축물이 견고한 것인지 자문했고,
미풍에조차 쓰러질 수 있다고 믿게 되었다.
하지만 이런 회의적인 태도는
여전히 피상적인 차원에 머물러 있는 것이다.

모든 것을 의심하거나 모든 것을 믿는 것은
둘 다 편리한 해결책이다.
어느 쪽을 택하든
우리는 반성하지 않아도 되기 때문이다.

-앙리 푸앵카레, 『과학과 가설』 중에서

앙리 푸앵카레(Henri Poincare) 1854~1912년. 프랑스의 수학자. 수학에서는 수론, 함수론, 미분
방정식론에 업적을 남겼고, 물리학에서는 양자론, 상대성이론에 공헌했다. 수학 분야의 최대 난
제인 '푸앵카레 추측'을 제기한 것으로 잘 알려져 있다.

성숙함이란
다양성을 인정하는 마음

　　세상을 항상 흑과 백으로 분류해 판단하는 사람들이 있다. 좋아하는 일와 싫어하는 일, 성공과 실패, 중요한 업무와 하찮은 업무처럼 양극단으로만 생각하는 것이다. 하지만 실제로 이러한 양극단 사이에는 수많은 변수들이 존재한다. 부분적인 성공이나 만족을 인정하지 않으면 행복을 느낄 기회는 급격히 줄어들고, 반대로 우울해질 가능성은 점점 늘어나고 만다.

　'회색지대를 인정할 수 있는 사람', 나는 이런 사람을 성숙한 사람이라고 말한다. 애매한 상황 속에서도 자신의 마음을 잘 통제하여 타당한 판단을 내리는 힘, 그런 힘이 없으면 성숙한 사람이라 할 수 없다.

　반면 미성숙한 사람일수록 'All or Nothing', 즉 양자택일이라는 대답을 원한다. 하나가 잘 안 풀리면 전부 다 망쳤다고 풀이 죽는다. 반대로 하나가 잘되면 천하를 얻었다고 착각한다. 그런 태도를 취하면 어느 한 가지를 맹신함으로써 다른 모든 것들을 부정해버리는 편협한 사고를 갖게 될 수밖에 없다. 다양성을 받아들이지 못하고는 복잡한 어른들의 세계에서 살아남을 수 없다. 예를 들어 아쿠타가와 류노스케의 『라쇼몬』을 읽고 다양한 해석을 내놓을 수 없다면 아직 미성숙한 사람인 셈이다.

성숙한 사람이 되기로 결심했다면 먼저 회색지대를 인정하는 자세를 갖추어야 한다. 우리 주위에 여러 가지 요소가 공존하고, 이런 일도 저런 일도 일어날 수 있다는 점을 인정해야 한다. 그러지 않으면 주위의 모두가 적이 된다. 세상이 시시해지고 모든 일이 꼬이는 방향으로 흘러갈 것이다.

삶의 스펙트럼은
생각보다 넓다

푸앵카레의 말은 "All or Nothing, 둘 중 한쪽을 택하면 깔끔하겠지만 그 시점에서 사고는 멈추어버린다. 그래도 좋은가?"라고 우리에게 경고하는 듯하다. 과학은 타당성을 바탕으로 성립된다. '어느 정도는 A라고 할 수 있고 또 어느 정도는 B라고 할 수 있다'는 회색지대를 수반하는 만큼, 과학자에게는 항상 성숙한 어른으로서의 태도가 요구된다.

이러한 자세는 일상을 살아가는 우리에게도 꼭 필요하다. 이를테면 성공과 실패, 두 가지로 결과를 구분할 게 아니라 비록 결과가 자신이 원하는 경지에 이르지 못했더라도 그 과정의 경험이 유용한 자산이 되었다는 사실을 인정하고 계속 노력하는 마음가짐이 필요하다. 성공과 실패 사이에 있는 다양한 결과의 가치를 인정하자는 뜻이다. 삶이라는 좌표 위에는 두 가지 관점 말고도 더 넓은 스펙트럼이 존재한다는 사실을 이해한다면 우리는 더 성숙해질 수 있다.

06

유전자의 스위치를 켜라.

-무라카미 가즈오, 『스위치 온』 중에서

무라카미 가즈오(村上和雄) 1936년생. 분자생물학자이자 쓰쿠바 대학교 명예교수. 1983년 인류 역사상 처음으로 고혈압 발병 효소인 '레닌'의 유전자 해독에 성공하면서 일약 세계적인 과학자로 발돋움했다.

무한한 가능성을 발휘하는
유전자의 힘

나는 일전에 무라카미 가즈오와 대담을 나눈 적이 있다. 그때 "인간의 유전자에는 ON-OFF 스위치가 있습니다. 그 스위치를 켜면 무한한 힘을 발휘할 수 있습니다"라는 흥미로운 이야기를 들었다.

무라카미 가즈오는 고혈압을 일으키는 효소인 '레닌 유전자'를 해독한 분자생물학계의 세계적 권위자로 노벨상 후보에까지 오른 인물이다. 하지만 그의 유년시절은 그리 특출하지 못했던 것 같다. 내성적인 성격 탓에 친구들로부터 자주 따돌림을 받았고, 머리도 좋지 않았는지 성적은 늘 중하위권을 맴돌았다고 한다. 그랬던 그가 느닷없이 일본 최고의 명문 대학인 교토 대학에 입학한 데다가 두 차례나 미국 유학을 다녀왔으니 주변 사람들은 "기적이다" "운이 좋다"는 말을 했을 법하다.

그런데 이를 단지 행운이나 기적이라는 말로 뭉뚱그리기

에는 어딘가 석연치 않은 구석이 있었고, 유전공학자의 천성 때문인지 그는 과학적으로 구체적인 성공의 실체를 파헤치기 시작했다. 그리고 수십 년간의 연구 끝에 성공의 비밀이 '유전자'에 있음을 알아냈다. 몇 가지 실험을 통해 인간은 의지에 따라 유전자 속 ON-OFF 스위치로 유전자를 깨우거나 잠재울 수 있다는 사실을 밝혀낸 것이다. 그러고는 자신이 교토 대학에 입학하고 노벨상 후보에 오를 수 있었던 비결로 '매우 절묘한 순간에 내 안에 잠들어 있던 성공 유전자를 깨운 덕분'이라고 말했다.

그에 따르면 뛰어난 사람과 평범한 사람 사이에는 유전자의 차이가 거의 없으며, 평소에는 누구나 유전자의 스위치를 끈 채 살아간다고 한다. 많은 사람들이 자신이 가진 잠재력을 발휘하지 못하는 이유도 바로 그 때문이다. 하지만 뛰어난 사람은 결정적인 순간에 긍정적인 유전자의 스위치를 번쩍 켤 줄 안다. 즉, 뛰어난 유전자의 유무보다는 스위치를 켠 채로 살아가는지 끈 채로 살아가는지가 성공을 결정하는 핵심 요인이다.

내 안에 잠들어 있는
성공 유전자를 깨우는 방법

　　그렇다면 유전자의 스위치를 켜기 위해서는 어떻게 해야 할까? 그의 저서에는 성공 유전자를 활성화시키는 방법이 자세하게 나와 있다. '환경을 바꿔라' '항상 도전하라' '위기로 자신을 내몰아라' '좋은 사람들을 만나라' '이타적인 삶을 살아라' '자주 웃고 감동하라' '목표를 세워라' '사랑하고 기도하라' 등 여러 가지 방법이 있는데, 나는 그중에서도 '항상 도전하라'와 '좋은 사람들을 만나라' '위기로 자신을 내몰아라'라는 항목에 특히 더 공감한다.

　　무언가에 열정적으로 도전하는 사람은 마음이 긍정적이다. 어떤 일이든 해낼 수 있다는 자신감으로 가득 차 있기 때문에 평범한 사람과는 다른 힘찬 에너지도 느껴진다. 그런 사람들은 도전과제를 하나씩 수행해나가면서 유전자의 스위치를 켠 상태로 유지한다. 또 어떤 분야에서 최고의 자리에 오른 사람이나 평소에 존경하던 사람을 만나면 마음에 자극이 되면서 나도 저렇게 되고 싶다는 생각과 함께 무언가 하고자 하는 동기와 욕구가 마구 샘솟는다. 공부를 할 때도 라

이별이 있으면 더욱 매진하게 되는 것과 같은 이치다.

극한 위기의 상황에 처해도 유전자의 스위치는 번쩍 켜진다. 복제양을 만들기 위해서는 유전자 전체를 복사해야 하는데, 그러려면 양의 모든 유전자 스위치를 켜야만 한다. 양 역시 평소에는 유전자를 끈 채로 살아가는지라 이를 켜기 위해 오랜 시간 굶겨서 유전자를 복사했다고 한다. 생물은 신변에 별다른 이상이 없으면 유전자의 스위치를 전부 켜지 않아도 잘 살아갈 수 있다. 그러나 위기에 몰리면 모든 스위치를 켜서 곤경에서 빠져나오려고 애쓴다. 마치 평소에는 시험공부가 잘되지 않다가 시험이 임박해 벼락치기로 공부하면 집중력이 더 잘 발휘되는 것과 마찬가지다. 흔히 우리는 이것을 '헝그리 정신'이라고 부른다.

나 역시 그런 기억이 있다. 결혼 초에는 수입이 너무 적어 서너 해 동안은 아이를 갖지 않았다. 그런데 나이를 생각해 아이를 가졌더니 그제야 오히려 삶에 탄력이 생기고 일도 순조롭게 풀리기 시작했다. 이제와 생각해보면 그때 아이가 생겨 경제적 위기에 내몰렸기 때문에 유전자의 스위치가 켜졌던 것 같다.

무라카미 가즈오에 따르면 사람은 평생 뇌세포의 10퍼센트 정도밖에 사용하지 않으며, 사람의 모든 유전자 중 단백질을 만들기 위해 실제로 활용하는 유전자는 고작 3퍼센트에 불과하다고 한다. 그렇게 따지고 보면 우리의 뇌는 실로 굉장한 능력을 가지고 있는 셈이다. 그러니 시간과 돈만 아깝게 여기지 말고 아직 사용하지 못한 능력도 아까워해야 한다. 잠들어 있는 유전자는 필요하다고 강렬하게 바랄 때 비로소 깨어나며, '할 수 있다'고 믿어야만 켜진 상태를 유지할 수 있음을 기억하길 바란다.

07

희망이란 본래
있다고도 할 수 없고 없다고도 할 수 없다.
그것은 땅 위의 길과 같다.

원래 땅 위에는 길이 없었다.
걸어가는 사람이 많아지면
그것이 곧 길이 되는 것이다.

-루쉰, 「고향」 중에서

루쉰(魯迅) 1881~1936년. 중국의 근현대 문학가. 대표작으로는 『아큐정전』과 『광인일기』 등이
있으며, 중국이 낳은 가장 위대한 문학가이자 사상가로 평가받는다. 「고향」은 루쉰의 대표적인
단편소설 중 하나다.

동료와의 사소한 대화도
희망이 된다

　　"희망은 땅 위의 길과 같다"는 표현은 실로 뛰어난
비유다. 중국의 문호 루쉰은 희망이란 길처럼 만들어지거나
생겨날 수 있다고 했다. 이 말을 달리 표현하면 걸어가는 사
람이 많아져야 길이 생기듯, 생각을 공유하면 보다 구체적으
로 희망이 생겨난다는 뜻이 된다. 여기에서 나오는 '공유'라
는 개념은 무척 중요하다. 마음에 상처를 입은 사람과 앞날
이 불안한 사람이 함께 시간을 보내면 서로의 기분을 동시에
변화시킬 수 있다. 사소한 대화만으로도 마음이 편안해져서
희망이 싹트는 것이다. "오늘 점심은 뭘 먹을까?"처럼 하잘
것없는 이야기를 나누거나 가벼운 약속이라도 할 수 있는 상
대만 있어도 사람은 몰라보게 밝아진다. 이와 관련해 심리학
자 에릭 에릭슨은 '인간은 상호보완적인 존재'라고 말한 바
있다. 상대가 있으므로 인해 자신이 변화하고, 자신의 변화에
의해 상대 또한 바뀌어가는 것이다.

어둠이 빛이 되고
절망이 희망으로 변하는 열쇠

루쉰의 말은 희망이란 일정한 조건이 충족될 때만 형성되는 자연적인 감정이 아니라, 개인의 의지와 노력에 의해 생겨나는 인생관이라고 해석이 가능하다. 절망과 비관의 길을 왕래하면 희망은 없는 것이요, 반대로 긍정과 낙관의 길을 왕래하면 희망은 점점 많아지고 넓어진다. 결국 'Dream is nowhere(희망은 어디에도 없다)'과 'Dream is now here(희망은 지금 여기에 있다)' 사이의 가치관이며, 'Impossible(불가능한)'과 'I'm possible(나는 가능하다)' 사이의 신념인 것이다.

그래서 어둠이 빛이 되고 절망이 희망으로 변하는 위대한 전환의 열쇠는 자기 앞에 놓인 세상과 시간을 긍정의 눈으로 바라보는 데에서 생겨난다. 삶을 둘러싸고 있는 모든 부정을 모든 긍정으로 바꿀 때 우리는 악조건과 장애물을 극복할 기회와 힘을 얻고, 희망으로 세상을 살아갈 수 있게 된다.

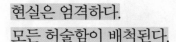

#08

현실은 엄격하다.
모든 허술함이 배척된다.

현실은 예상치 못하게 급변한다.
모든 균형은 금방 깨진다.

현실은 복잡하다.
모든 지레짐작은 금물이다.

–유카와 히데키, 『보이지 않는 것의 발견』 중에서

유카와 히데키(湯川秀樹) 1907~1981년. 이론물리학자. 1934년 핵력을 매개하는 장으로서 중간자 문제에 도달하며 그 질량을 산출했다. 이에 1949년 일본인 최초로 노벨 물리학상을 수상했다. 그의 노벨상 수상은 제2차 세계대전 이후 자신감을 잃고 실의에 빠진 일본인들에게 큰 힘이 되었다.

세상을 바꾼
평범한 둔재의 대담한 발견

　　일본인 최초로 노벨 물리학상을 수상한 유카와 히데키. 그는 교토 대학을 졸업한 물리학도였다. 그러나 젊은 시절의 그는 그리 특출하지 못했던 모양이다. 중학생 시절에는 친구들 사이에서 눈에 띄지 않는 존재로 '촌뜨기'라는 별명으로 불렸고, 말수가 적고 심히 과묵한 성격 탓에 아버지로부터 "대체 무슨 생각을 하고 사는지 모르겠다"며 홀대를 받기도 했다. 대학원을 졸업하고도 수년간 한 편의 논문도 쓰지 못한 나머지 학과장이 그를 불러 "원래 다른 사람을 강사로 초빙하려고 했으나 어쩔 수 없이 채용했다"며 꾸지람을 했다고도 전해진다. 다만 그의 곁에는 그를 믿어주는 아내가 있었다. 그녀는 연구에 몰두하는 남편을 방해하지 않기 위해 추운 날에도 우는 아이를 업고 집 밖을 돌아다녔다고 한다. 그런 극진한 내조 때문이었을까? 1934년 오사카 대학 강사로 재직하던 시절, 그는 엄청난 논문 하나를 발표했다. 당시에는 발견되지 않았던 '중간자 이론'에 대한 논문이었다.

원자핵은 양성자와 중성자로 구성된다고 알려졌지만 둘을 묶어주는 핵력의 성질은 정확히 규명되지 않았던 때였는데, 유카와는 '유카와 중간자'라는 가상의 입자를 통해 핵력이 전해진다는 신선한 아이디어를 내놓았다. 27세 대학원생의 당찬 이론은 몇 해 지나지 않아 큰 주목을 받기 시작했고, 그는 이 논문을 통해 입자 물리학이라는 거대한 물리학 분야가 태동하는 데 주춧돌을 놓았다. 당시로서는 상상할 수도 없었던 큰 업적을 세운 것이다.

물론 유카와의 논문에 대해 그저 가설일 뿐이라고 무시하는 학자들도 꽤 많았다. 하지만 결국 수년 후 우주선에서 실제 중간자가 발견됨으로써 1949년 그는 결국 노벨 물리학상 수상의 영광을 얻게 됐다.

독한 각오만이
노력을 지속하게 만든다

과학실험을 하다 보면 고심하여 세운 가설이 부정

당하는 일이 반복된다. 그럼에도 그 끝에 한 톨의 사금 같은 현상을 발견하는 경우도 있다. 눈에 보이지 않는 귀중한 현상을 발견하기 위해 보이는 모든 것을 철저하게 검증하려 노력하는 사람이 바로 물리학자다.

유카와에게 있어 그런 노력을 가능케 한 마음의 근원은 무엇이었을까? 바로 '현실은 엄격하고, 급변하며, 복잡하다'는 독한 각오가 아니었을까? 막연한 기대감에 차 현실을 만만하게 보는 사람은 기대가 배신당하면 오히려 현실을 원망하며 노력을 그만두곤 한다. 반면 현실의 엄격함을 잘 아는 사람은 항상 겸손한 마음으로 세상을 바라보며 노력을 이어 나간다.

우리가 사는 세상도 유카와가 본 현실과 다를 바 없다. 부정당하는 노력일지라도 지속하겠다는 독한 각오만이 만만치 않은 현실을 살아가는 우리들에게 꼭 필요한 마음가짐이 아닐까 한다.

Part 2

상처를 위로하는 말

삶에 대한 흥미도 의미도 없이 이방인처럼 떠돌던 시절, 나는 자취방에 틀어박혀 지푸라기라도 잡는 심정으로 책을 읽었다. 인생의 역경을 극복해낸 사람들로부터 위로받고 싶었기 때문이다. 그런데 그들의 이야기를 읽을수록 고작 대입 실패와 외로움으로 좌절했던 내 자신이 한심하게 느껴졌다. 동시에 나보다 더 참담한 고통과 실패를 겪었지만, 그럼에도 불구하고 삶에 대한 열정을 잃지 않았던 사람들을 보며 큰 용기를 배웠다.

그때 만났던 책 속 문장들을 하나씩 기록하면서 나는 마음속 깊이 뿌리내리고 있었던 부정적인 감정들을 하나둘 지워나갈 수 있었다. 그리고 깨달았다. 한 줄의 문장이 삶에 대한 의지와 기쁨을 되찾아주고 더 열심히 살아야겠다는 동기를 부여해주며, 마음속 상처까지도 치유해줄 수 있다는 사실을.

09

외로운가?
인간이란 원래 외로운 존재다.

-이노우에 야스시, 『아스나로 이야기』 중에서

이노우에 야스시(井上靖) 1907~1991년. 작가 겸 시인. 교토 대학 철학과를 졸업한 후 군에 소집되어 중일전쟁에 참전했으나 병을 얻어 제대하고 신문기자 생활을 했다. 1950년 『투우』로 아쿠타가와상을 수상했고, 1976년에는 문화훈장을 수상해 일본 내 국보적 존재로 추앙되었다. 대표작으로는 『빙벽』, 『둔황』, 『오로시아국 취몽담』 등이 있다.

외로움은 인간의 숙명이다

나는 재수시절 '외롭다'는 말을 수백 번이나 노트에 적곤 했다. 주변에 친구와 동료들이 있었음에도 때때로 사무치게 외로움을 느꼈다. 아마도 그때 '나'라는 존재에 대해 깊이 느끼고 고민하는 순간이 찾아왔던 것 같다.

그 당시 나는 이 세상에 홀로 내던져져 있다는 사실이 부당하다고 생각했다. 애초에 내가 타고난 유전자조차 스스로 고른 것이 아님은 물론, 운명도 나를 둘러싼 조건에 의해 결정된 것이라 믿었다. 젊은 시절에는 혼자 사는 것을 동경하는 사람도 많겠지만 나는 어릴 때부터 북적이는 집안에서 자란 탓에 도쿄에서 혼자 사는 게 전혀 즐겁지 않았다. 누워서 자취방 천장을 바라보고 있으면 우주 한구석에 나 혼자 덩그러니 남겨진 것 같은 두려운 기분마저 들었다. 재수생이라는 신분 때문에 내 뜻대로 인생을 살 수도 없었고 오직 공부만 보고 달려가야 한다는 생각뿐이었다. 내 삶에 커다란 족쇄가 채워진 기분이었다.

누구와도 만나고 싶지 않아 방에 틀어박혔던 시절, 내가 할 수 있는 것이라고는 독서가 유일했다. 다양한 문학작품을 읽으며 나만큼 외롭고 고독한 주인공들을 만났고, 그들로부터 마음의 위안을 얻었다. 그때 읽었던 책 중 하나가 이노우에 야스시의 『아스나로 이야기』다. 좋은 문장이 많은 책이었는데 그중에서도 유독 '인간이란 원래 외로운 존재다'라는 문장이 내 마음을 사로잡았다. 아마도 가장 깊은 외로움을 느꼈을 당시에 읽었던 책이라 그랬던 것 같다. 또 다자이 오사무의 『인간 실격』이라는 책도 재미있게 읽었는데, 혼자 완벽하게 고독에 빠져 있는 주인공을 보고는 '세상에 이렇게 고독한 인간도 있단 말인가!' 하고 놀람과 동시에 안도감을 느꼈다. 자살 미수와 약물 중독으로 39세의 젊은 나이에 생을 마감한 다자이 오사무의 삶과, 그와 비슷한 소설 속 주인공 요조의 삶을 보며 사람은 누구나 어느 정도는 고독하다는 사실을 깨달았다.

외로움을 다룬 작품을 읽으면 작품 속 주인공을 동경하는 마음이 들어 그와 같은 선택을 하지 않을까 걱정하는 사람도 많겠지만 나는 그렇지 않다고 확신한다. 인간이라면 누구나 외로움을 피할 수 없다는 생각에 오히려 위로받는다. 혼자 태어나서 혼자 죽어야 하는 인간에게 외로움이란 숙명과도 같다. 그러한 사실을 받아들이면 외로움을 부정적인 감정이 아닌 내 감정의 일부로 여길 수 있다.

오직 혼자일 때 도달할 수 있는
높은 경지가 있다

외로움은 두렵고 부정적인 감정일까? 나는 외로움이 인간의 숙명임을 받아들인 후 혼자 있는 시간을 긍정적인 에너지로 바꾸기 위해 부단히 노력했다. 그 결과 재수생활을 시작한 18살부터 직장을 구한 32살까지 철저하게 외로움에 시달리면서도 마음을 단단하게 다지고 성장을 위한 발판을 마련할 수 있었다.

요즘 사람들은 혼자 있는 것을 두려워하는 것 같다. 친구가 없으면 성격이 이상한 사람으로 간주되기 때문에 굳이 사귀지 않아도 될 사람들과 관계를 맺는 일도 많다. 하지만 나는 사람이 살면서 한 번쯤은 중요한 순간에 깊은 외로움과 고독을 느껴봐야 한다고 생각한다. 누구의 말에도 휘둘리지 말고, 도움이 안 되는 주위의 평가나 비교에 흔들리지 말고, 오직 목표만을 향해 집중하고 침잠해보아야 한다. 그래야 내가 진정으로 원하는 일이 무엇인지를 깨닫고 풍요로운 인생을 만들 수 있다.

그런 의미로 인생에서 승부를 걸어야 할 만큼 중요한 순간에는 불필요한 관계를 완전히 끊고 오직 자신에게만 집중해보기를 권한다. 자기 생활 전체를 점검해보면 관계로 인해 낭비되는 시간을 찾을 수 있다. 그러한 시간들을 모아 발전에 유용한 일들로 채운다면 조금 더 빠르고 효율적으로 목표에 도달할 수 있다.

사실 타인에 의한 따돌림이나 원치 않는 외로움은 정서에 도움이 되지 않는다. 반면 앞으로 나아가기 위해 적극적으로 직면한 외로움은 나를 한 단계 더 강한 사람으로 만들어준다. 생각해보면 어려운 고시에 통과한 주변 사람들을 볼 때 친구들과 어울려 다니면서 공부한 사람은 한 명도 없다. 학원에서도 혼자 묵묵히 공부하고 밥 먹는 시간조차 불필요한 관계를 차단한다. 관계에 휘둘리지 않고 주위의 시선 따위는 신경 쓰지 않으며 자기만의 길을 걸어갈 뿐이다.

물론 평생 자신을 세상에서 고립시킨 채 살아갈 수는 없다. 그러나 지금이 내 인생의 승부처라고 생각되는 순간이 있다면 관계를 끊어보는 것도 좋은 방법이다. 고독을 극복하면 오직 혼자서만 도달할 수 있는 경지가 있다는 사실을 깨닫게 되고, 그로 인해 무엇이든 해낼 수 있다는 자신감과 내공을 얻을 수 있다.

10

시간의 날개를 타고
슬픔은 날아간다.

-장 드 라 퐁텐, 『라퐁텐 우화집』 중에서

장 드 라 퐁텐(Jean de la Fontaine) 1621~1695년. 프랑스의 시인 겸 동화작가. 시구의 거의 완벽한 음악성, 동물을 의인화하여 인간희극을 부각시키는 절묘성 등이 높이 평가된다. 이솝 이야기를 바탕으로 한 우화시로 잘 알려져 있다.

시간의 밀도가 짙어질수록
슬픔은 옅어진다

슬픔은 사막을 걸어가는 낙타의 발자국과 같다. 뒤돌아보니 저 멀리 걸어온 발자국이 희미해진 것처럼 시간이 흐르면 슬픔도 옅어지기 마련이다. 즉, 슬픔은 영원히 지속되지 않는다. 슬픔을 달래는 가장 좋은 약은 시간이다.

프랑스의 시인 라 퐁텐은 '시간이라는 날개를 타고 슬픔이 날아간다'고 했다. 과연 시인다운 비유다. 나는 여기에 속도감을 더해 설명하고 싶다. 시간이라는 날개는 일정한 속도로 움직이지 않는다. 시간의 밀도가 짙어지면 짙어질수록 슬픔을 운반하는 날개의 힘이 점점 더 강해지기 때문이다.

슬픔의 크기는 중요치 않다

"슬픔은 누구에게나 찾아온다. 슬픔을 완전히 해소

할 수 있는 방법은 시간밖에 없다. 사람들은 시간이 지나면 괜찮아질 거라는 사실을 당장에는 깨닫지 못한다. 그러나 이것은 실수다. 우리는 반드시 다시 행복해진다."

슬픔을 해소하는 방법에 대해 미국의 전 대통령 에이브러햄 링컨도 비슷한 말을 남겼다. 삶에는 기쁨의 순간만큼이나 슬픔의 순간도 많다. 연인과의 이별일 수도 혹은 가족의 죽음일 수도 있다. 또 사업에 실패하거나 오랜 시간 준비한 시험에서 낙방하는 일도 있다. 이런 다양한 종류의 슬픔에 공통점이 하나 있다면, 살아 있는 존재라면 누구나 슬픔을 피해갈 수 없다는 사실이다.

비슷한 슬픔을 마주했다고 해도 누군가는 씩씩하게 일어나 잘 이겨내는 반면, 다른 누군가는 오랫동안 슬픔에 잠겨 헤어 나오지 못한 채 폐인처럼 시간을 보낸다. 혹자는 이를 슬픔의 크기 때문이라 말하지만 나는 그렇게 생각하지 않는다. 누구의 슬픔이 더 크고 작은지는 그저 주관적인 생각의 차이다. 링컨의 말처럼 슬픔은 누구에게나 찾아오는 법이다. 다만 그것이 영원하지 않고 마음먹기에 따라 달라진다는 사

실을 깨달으면, 슬픔의 크기와 상관없이 우리는 더 편안하게
슬픔을 날려 보내고 극복할 수 있을 것이다.

11

다음 길모퉁이에 이르렀을 때
여자는 "선생님께 배웅을 받다니 영광입니다"
라고 거듭 말했다.
나는 진지하게 "정말 영광이라고 생각하십니까?"
라고 물었다.
여자는 간단히, 또렷하게
"그렇습니다"라고 대답했다.
나는 "그렇다면 죽지 말고 살아주십시오"
라고 말했다.

나는 여자가 이 말을 어떻게 해석했는지 알지 못한다.
나는 그러고 나서 조금 더 걷다가
다시 집으로 돌아왔다.

-나쓰메 소세키, 『유리문 안에서』 중에서

나쓰메 소세키(夏目漱石) 1867~1916. 일본의 셰익스피어라 불리는 문호. 『유리문 안에서』는
나쓰메 소세키의 마지막 수필로 1915년 아사히신문에서 연재되었다. 대표작으로는 『나는 고양
이로소이다』『산시로』『그후』 등이 있다.

삶과 죽음의 기로에서
'산다'는 선택지를 건넨 대문호

　　일본 근대화의 명암을 가장 예리하게 간파하며, 새로운 시대에 맞서 치열하게 고뇌했던 작가 나쓰메 소세키. 그의 작품 중에서도 『유리문 안에서』는 소세키가 세상을 떠나기 1년 전 아사히신문에 연재한 수필을 엮은 책으로 작가 영혼의 내면 풍경을 가장 잘 보여주는 작품이라고 평가받는다. 소세키 특유의 아름다운 문장이 가득한 이 작품에는 좀처럼 자기 속내를 드러내지 않았던 작가의 진심이 고스란히 녹아 있다. 불우했던 어린 시절, 어머니에 대한 그리움, 형제의 죽음과 시대에 대한 고뇌로 인해 죽음을 대수롭지 않게 여기는 염세적 태도를 지켜왔던 소세키는 이 작품 속 한 문장을 통해 삶을 긍정하는 모습을 보여준다.

　　이 글은 수필 속 한 장면이므로 실제 있었던 이야기를 바탕으로 한 듯하다. 소세키를 찾아온 한 여자는 자신의 슬픈 이야기를 소설로 써달라며 사연을 털어놓는다. 그러고는 결말에서 여자를 살릴지 죽일지 그에게 묻는다. 듣는 것만으로도 끔찍한 삶의 끝자락에 선 여자에게 소세키는 "그렇다면 죽지 말고 살아주십시오"라고 대답하는데, 자신이 바래다준 자그마한 일 하나가 그토록 영광이라면 이 영광을 가슴에 품고 씩씩하게 살아가라는 뜻에서였다. 아무리 삶이 고통스럽다고 해도 죽음으로 해결할 수는 없으며, 삶을 있는 그대로 받아들여 가치 있는 것으로 만들어야 한다는 메시지가 아니었을까? 이 문장을 통해 소세키의 마음속에 깊이 흐르는 인간에 대한 연민과 삶을 향한 의지를 엿볼 수 있다.

실제로 소세키는 신경쇠약, 불안, 우울증에 시달릴 만큼 건강이 좋지 않았는데, 그럼에도 불구하고 구메 마사오나 아쿠타가와 류노스케 등 젊은 작가들의 고민에 깊이 있는 조언을 아끼지 않았던 것으로 유명하다.

기왕 산다면
삶을 가치 있게 만들어라

삶이 삶답지 못해서, 죽음만도 못한 삶이라서 이러

지도 저러지도 못하는 사람들에게 소세키는 이런 말을 해주고 싶었던 건 아닐까?

"우리는 죽음이라는 터널을 통과해야 한다. 그 과정에서 삶이라는 긴 터널 또한 통과해야 한다. 그러니 기왕이면 삶을 가치 있는 것으로 만들어라. 삶이 아무리 고통스럽고 치욕스러울지라도 죽지 말고 살아라!"

방황과 고뇌에 빠져 삶에 대한 의욕마저 잃었던 시절, 소세키의 한 문장은 내 마음속 한가운데에 깊이 들어와 불완전했던 삶을 지탱해주는 힘이 되었다.

12

내가 표현하고 싶은 것은
감상적이고 우울한 것이 아니라
뿌리 깊은 고뇌다.
정말 격렬하게 고뇌하고 있다고 말할 정도의
경지에 이르고 싶다.
나의 모든 것을 바쳐서 그런 경지에 이르고 싶다.

여하튼 나는 나 자신의 작품에 인생을 걸었고,
그로 인해 나의 이성은 절반쯤 부서져버렸다.

그래도 좋다.

-빈센트 반 고흐, 『고흐의 편지』 중에서

빈센트 반 고흐(Vincent van Gogh) 1853~1890년. 네덜란드 출신의 프랑스 화가. 초기 네덜란드 시절에는 어두운 색채로 비참한 주제의 작품을 선보였고, 후기 작품은 표현주의의 경향을 보였다. 대표 작품은 〈해바라기〉〈아를르의 침실〉〈의사 가셰의 초상〉 등이 있다.

절망과 희망의 극단에서 길어 올린
열정의 불꽃

고흐는 전 세계를 통틀어 가장 인기 있는 화가다. 그의 작품 하나하나를 모르더라도 '이 그림은 고흐다!'라고 짐작할 수 있을 만큼 개성 넘치고 강렬한 화풍을 자랑한다.

현재 고흐의 작품은 박물관에 전시될 정도로 가치 있게 평가되지만 생전에는 그렇지 못했다. 실제로 고흐 생전에 판매된 작품은 〈아를의 붉은 포도밭〉 단 한 점뿐이다. 이는 그가 지독한 가난과 사회적 멸시로부터 자유롭지 못했다는 사실을 증명하는 단서이기도 하다.

그를 괴롭힌 것은 이뿐만이 아니었다. 조울증으로 인한 자학, 가족으로부터 인정받지 못하는 외로움, 사랑하는 여인과의 이별 등 그의 삶은 지독한 절망의 극단을 걸었다.

그럼에도 고흐는 그림에 자신의 인생을 온전히 바쳤다. 어린 시절의 고흐는 목사인 아버지의 영향으로 한때 목회자의 길을 걸었는데, 그래서인지 진·선·미라는 절대적 가치 중

'선'을 으뜸으로 추구했다. 자신만의 행복을 추구하며 그림을 그리지 않고, 정말로 소중한 것을 그려서 사람들에게 기쁨을 선사하겠다는 마음으로 가득 차 있었다. 한 인간으로서 사랑과 구원을 끊임없이 염원했고, 그런 그에게 그림은 존재의 이유이자 삶 그 자체였다.

스스로를 몰아세우면서까지
도달하고 싶은 높은 경지가 있는가?

무엇보다도 말년의 고흐를 가장 괴롭힌 것은 동생 테오의 헌신적인 뒷받침으로 인한 자괴감이었다. '나는 나 자신의 작품에 인생을 걸었고, 그로 인해 나의 이성은 절반쯤 부서져버렸다'는 문장은 고흐가 37살이었던 1890년, 자살하기 6일 전에 동생에게 마지막으로 보냈던 편지 내용 중 일부다. 고흐가 테오에게 보낸 편지는 모두 668통으로 각각의 편지마다 가난에 대한 고백과 도와달라는 부탁, 그리고 가족에 대한 미안함이 반복된다. 그러면서도 그림에 대한 변함없는 의지를 다짐하곤 했다. 작품에 모든 것을 걸어 이성이 절반쯤 부서져버려도 흔쾌히 '좋다'고 말할 만큼 고흐는 자신이 세운 높은 경지로 다가가고자 했다.

평생 고독과 투병의 고통 속에서도 굴하지 않고 작품 활동에 삶을 바친 고흐. 현존하는 그의 작품은 모두 2600여 점으로 고흐가 화가였던 기간이 약 10년임을 감안할 때 온종일 잠을 자지 않고 그렸다 치더라도 1년간 260점, 하루에 약 0.7점을 그려낸 셈이다.

"내 그림이 팔리지 않는 것은 나도 어쩔 수 없다. 하지만 언젠가는 사람들이 내 그림의 가치를 깨닫는 날이 올 것이다. 내 그림이 돈으로 따질 수 있는 것들보다 훨씬 더 큰 가치가 있다는 사실을."

과연 나는 인생을 송두리째 바칠 만큼 무언가에 몰두해본 적이 있는가? 스스로를 몰아세우면서까지 도달하고자 하는 높은 경지가 있을 때 우리는 계속 전진하고 성장해나가는 삶의 기쁨을 맛볼 수 있다.

13

도쿠노 섬에서 이 섬(오키노에라부 섬)으로 옮겨온 뒤
곧바로 옥에 갇혔으나,
오히려 제 신변을 지키기 위해서는 고마운 일입니다.

다른 생각하지 않고 오직 지조를 갈고닦으며
뜻을 더욱 견고히 세울 수 있으니
모쪼록 웃어넘기십시오.

-사이고 다카모리, 『사이고 남주 유훈』 중에서

사이고 다카모리(西鄕隆盛) 1828~1877년. 일본 개화기의 정치가. 오쿠보 도시미치, 기도 다카요
시와 함께 일본 유신삼걸의 한 명으로 메이지유신의 가장 핵심적인 인물이다. 도쿠가와 바쿠후
시대를 종결시키고, 천황 중심의 왕정복고를 성공시키는 데 절대적인 역할을 했다. 『사이고 남주
유훈』은 사이고 다카모리의 유훈을 엮은 책으로, 남주는 사이고의 호다.

두 번의 유배생활을 버티게 해준
한 문장의 힘

　　사이고 다카모리는 일본 메이지유신을 이끈 핵심적인 인물로 수차례나 죽을 고비를 넘겼다. 첫 번째는 사쓰마 번의 제11대 번주 시마즈 나리아키라(서양 문물을 도입해 메이지유신의 초석을 세운 인물. 사이고 다카모리, 오쿠보 도시미치 등의 인재를 발탁해 메이지유신을 선도했다)가 갑작스러운 병에 걸려 사망했을 때다. 그 역시 스승을 따라 자결을 각오했는데, 이때 기요미즈데라(교토에 위치한 절. 청수사)의 승려 겟쇼가 그를 만류해 목숨을 부지할 수 있었다. 두 번째는 겟쇼가 시마즈 히사미쓰(시마즈 나리아키라의 이복동생. 에도막부 말기 사쓰마 번의 최고 권력자로 실권을 장악했다)의 명령으로 살해당할 위기에 처했을 때 앞날을 비관한 사이고는 겟쇼와 함께 바다로 뛰어들었는데, 겟쇼는 죽었으나 사이고는 가까스로 살아남았다.

　　사이고의 고난은 그 후로도 계속되었다. 처음에는 아마미오 섬으로, 그다음에는 도쿠노 섬에서 오키노에라부 섬으로

두 번이나 유배를 당했던 것이다.

그런 사이고를 정신적으로 지탱해준 것이 에도막부 말기의 유학자 사토 잇사이가 쓴 『언지록』이다. 이 책은 현재에도 리더들의 지침서로 널리 읽히고 있다.

사이고는 『언지록』에 나오는 1133조의 글귀들 중 "등불 하나를 들고 어두운 밤길을 간다. 어두운 밤을 무서워하지 마라. 오직 등불 하나에 의지하라"를 비롯한 101조를 추려 '손으로 추려 쓴 언지록'이라는 이름을 붙이고 늘 몸에 간직하고 다녔다.

두 번의 유배 중에서도 오키노에라부 섬에서의 생활은 특히 괴로웠다. 그의 유배가 가고시마에 사는 형제들에게도 영향을 미쳐 사이고 가문의 재산이 몰수되었기 때문이다. 그러나 그는 극한의 상황에서도 자신어 직접 쓴 101조의 문장을 곱씹어 읽으며 불굴의 의지를 다졌다.

치열한 고난이 인간의 도량을 넓힌다

앞에서 소개한 『사이고 남주 유훈』의 문장은 사이고

가 오키노에라부 섬에 있을 때 친구에게 보낸 편지 중 한 구절이다. 이 편지에서 사이고는 '다른 생각하지 않고 오직 지조를 갈고닦으며 뜻을 더욱 견고히 세울 수 있다'고 적었다. 그의 정신력에 놀랍다고밖에 표현할 길이 없다.

아직도 일본에는 사이고를 사랑하는 사람이 많다. 그는 어떠한 가혹한 일을 당하더라도 묵직하고 대담하게 지조를 지키며 자신의 삶의 태도를 바꾸지 않았고, 무엇보다도 두터운 신뢰관계를 소중히 여겼기 때문이다. 에도막부 말기의 수많은 위인들도 사이고에게 경의를 표했다. 그중 사카모토 료마(일본 에도시대 무사로, 막부체제의 종식과 근대 일본의 토대를 마련한 인물)는 "사이고는 요령부득의 바보처럼 보인다. 게다가 끝을 알 수 없는 대단한 바보다. 종에 비유하자면 세게 치면 세게 울리고, 약하게 치면 약하게 울린다. 다만 애석한 것은 이 종을 치는 당목이 작았다는 점이다"라고 말했다.

인간의 도량은 다양한 고난을 통해 길러진다. 사이고의 인생과 그가 남긴 말을 통해 우리가 배워야 할 점이 많다.

14

이제, 슬픈 생각은 접어두기로 하지요.
희망을 가집시다.
너무 많이는 말고요.

신을 믿고 그분의 뜻이라면
무엇이든 잘될 거라는 생각으로 위안을 삼읍시다.

-볼프강 아마데우스 모차르트, 『모차르트의 편지』 중에서

볼프강 아마데우스 모차르트(Wolfgang Amadeus Mozart) 1756~1791년. 오스트리아의 서양 고전
음악 작곡가. 주요 작품으로는 〈교향곡 41번〉 〈피가로의 결혼〉 〈돈 조반니〉 〈마술 피리〉 등과
최후의 작품인 〈진혼곡〉이 있다. 고전 음악을 완성한 것으로 평가받는다.

세상이 나를 몰라줘도
좌절하지 마라

　　1778년 7월 3일, 파리에 있던 모차르트는 세 명에
게 편지를 썼다. '희망을 가집시다. 너무 많이는 말고요'라는
말은 아버지에게 보낸 편지 내용 중 일부로 어머니의 죽음을
감춘 채 그저 병이 위중한 상태라는 선의의 거짓말을 담아
보낸 것이다. 충격적인 사실을 받아들이기 전 아버지가 마음
의 준비를 할 수 있도록 시간을 주려는 의도로 해석된다(모차
르트가 보낸 세 통의 편지 중 아버지에게 보낸 편지와 잘츠부르크에 있는 친구
불링거에게 보낸 편지가 남아 있는데, 친구에게 보낸 편지에는 어머니의 죽음을
알림과 동시에 아버지와 누나에게 찾아가 예상치 못한 충격적인 소식을 잘 전달
해달라는 당부의 내용이 담겨 있다).

　22살에 어머니와 함께 건너간 파리에서의 생활은 불운 그
자체였다. 모차르트를 반겨주는 사람은 아무도 없었고, 궁핍
한 생계를 이어나가기 위해 피아노 레슨을 하고 극장용 발
레 음악을 만들어야 했다. 파리 생활에 실망한 모차르트는

이 도시를 가리켜 '음악에 관한 한 짐승들만 득실거리는 곳'이라며 진저리를 쳤다. 그런 와중에 찾아온 어머니의 죽음은 모차르트의 생애에서 가장 가슴 아픈 순간으로 기록된다.

세계적인 음악가 모차르트의 말년에는 더 큰 괴로움이 도사리고 있었다. 자신의 음악성은 갈수록 높아지고 있다고 자부했으나 세간의 평가는 오히려 더 떨어졌기 때문이다. 죽기 3년 전 '3대 교향곡'이라 불리는 제39번, 제40번, 제41번을 작곡한 시기에는 이미 그 음악의 가치를 자신밖에 모르는 수준이 되어 있었다. 물론 후세 사람들은 모차르트가 천재라는 사실을 잘 알고 있지만, 그때는 아니었다. 35세의 나이로 세상을 떠났을 때에도 장례식장에는 참석자가 매우 적었으며 묻힌 장소도 오늘날까지 명확하게 밝혀지지 않고 있다.

자기가 하는 일의 가치를 자신밖에 모른다면 누구나 세상을 향해 원망의 말을 내뱉고 싶어질 것이다. 실제로 많은 천재들이 현실과 맞닿지 않는 이상과 가슴에 쌓이는 좌절감으로 인해 절망에 빠지곤 한다. 그런데도 모차르트가 쓴 편지에는 '유쾌하게 삽시다'와 같은 긍정의 말이 많이 쓰여 있다. 세상이 알아주지 않는 천재는 무슨 마음으로 유쾌하게 살자는 다짐을 했을까?

스스로에 대한 신뢰와 긍정이
희망을 피어나게 한다

　　모차르트의 음악이 근사한 이유는 사람들에게 선물을 하려는 마음으로 가득하기 때문이다. 자신은 하늘에서 내려오는 음성을 포착하는 센서이며, 포착한 것을 사람들에게 선물하는 역할을 부여받았다고 생각했던 것 같다. 실제로 평론가 고바야시 히데오의 말에 따르면 모차르트는 "나의 재능은 머릿속에서 멜로디가 한번 흐르면 그 곡이 얼마나 길든 잊지 않는다는 것이다"라는 내용의 글을 썼다고 한다. 모차르트는 찰나의 순간에 하늘에서 내려온 선물을 우리에게 음악으로 해준 것이다.

　아마도 모차르트의 내면에는 재능을 사람들에게 선물한다는 마음이 흐르고 있었기에 고독감과 슬픔을 이겨낼 수 있었던 것은 아닐까? 우리도 그런 마음가짐으로 살아간다면 틀림없이 자기 능력을 신뢰하고 자신에게 박수를 보내주는 삶을 살 수 있을 것이다.

15

그대가 내게서 보는 것은
저 타오르는 생명의 빛.

마지막 숨을 거두는 죽음의 침상처럼
제 청춘의 재에 파묻혀
저를 키워준 연료와 함께 사라져가는
마지막 빛.

-영화 「죽어야 할 때」 중에서

죽어야 할 때(Time To Die, 2006) 도로타 케드지에르자브스카 감독의 폴란드 영화. 실제로 각본은
아흔을 넘긴 폴란드 배우이자 이 영화의 주인공인 다누타 샤플라르스카를 위해 쓰여졌다. 고요
한 흑백 영상 속에 삶과 죽음이 시처럼 그려졌다는 평가를 받는다.

죽어야 할 때
비로소 삶의 이유를 생각하다

　　영화 「죽어야 할 때」에는 흉물스러운 저택에 살고 있는 91세 여성 아니엘라가 등장한다. 머리가 새하얀 할머니가 되었음에도 그녀는 천박하지 않을 만큼의 하이힐을 신고, 여전히 슬림한 원피스 차림을 고집하며 여성스러움과 도도함을 잃지 않은 채 살아간다. 그녀가 사는 저택에는 유일한 말동무인 개 필라델피아가 있다. 옆집의 시끄러운 음악원 아이들은 그녀를 늙은 마녀라 놀려대고, 종종 집을 팔라고 말하는 부동산업자만이 그녀의 집을 들락거릴 뿐이다.

　비록 늙고 외로운 노인일지라도 그녀는 다가오는 생의 마지막을 똑바로 응시하며 하루하루를 살아간다. 때로는 자신과 저택의 아름다웠던 시절을 추억하며 행복감에 젖기도 하고, 소중한 아들의 어린 시절을 떠올리며 웃음 짓기도 한다. 그때까지만 해도 그녀는 자신의 삶이 완벽하다고 믿었다.

　하지만 결국 그녀는 쓸데없이 밝은 잠귀 탓에 그토록 사랑하던 아들이 자신을 끔찍해하고 있으며, 재산이 탐나 억지로 집에 들른다는 사실을 알게 되고는 절망에 빠진다. 낡은 저택에서 아들의 어린 시절 사진을 보며 그녀는 자신의 생이 다 부질없었던 것이냐고 신에게 묻는다. 그러고는 생을 마감할 결심을 한다. 곱게 단장을 하고 죽음을 맞이할 준비를 하는 것이다.

바로 그때 이 문장이 등장한다. '그대가 내게서 보는 것은 저 타오르는 생명의 빛', 이는 셰익스피어 소네트 73번에 나오는 문장으로, 그녀는 이 말을 암송함으로써 비로소 제정신으로 돌아온다. '내가 왜 죽어야 하지?'라며 마음속에서 끓어오르는 삶에 대한 의지를 되새긴다.

이후 그녀는 가난한 음악원 아이들을 위해 저택을 기부하기로 한다. 저택을 고치기 위해 아끼던 보석도 다 내놓는다. 그리고 아이들이 이사를 하던 날, 2층의 발코니에서 휴식을 취하던 그녀는 저택에서 고요가 사라지듯 조용히 눈을 감는다. 그녀는 그렇게 자신의 몫을 다한 채 평화로이 죽음을 맞이했다.

앞으로 남은 생을
어떻게 보낼 것인가?

'죽는다'는 말이 너무도 쉬운 시대에 살고 있다. 조금만 힘들어도 '힘들어 죽겠다', 조금만 아파도 '아파 죽겠다' 그리고 마음이 무거울 때면 스스럼없이 '죽고 싶다'고 중얼거리는 사람들. 무엇보다도 스스로 목숨을 끊으며 순리에서 벗어난 결정을 하는 사람들이 점점 늘어나고 있다. 죽음이 쉽고 가벼이 여겨지는 세상에서 그녀는 착실하게 제 몫의 생을 살아내고 죽는다는 것이 얼마나 아름다운지를 여실히 보여준다.

그녀는 결코 평생을 남을 위해 헌신하며 살아오지도, 지독한 고생을 겪으며 인생을 일궈오지도 않았다. 그저 주어진 환경 안에서 최선을 다해 행복을 누렸으며 마지막 순간에는 자신의 몫이 아니어도 괜찮은 것들을 조금 나누어주었을 뿐이다. 나도 그렇게 살 수 있다면 얼마나 좋을까? 가진 것 안에서 나름의 행복을 찾아 미소 짓고, 또 내가 가진 것을 나눔으로써 행복을 공유하는 삶. 이 영화는 사람들에게 남은 인생을 어떻게 살아야 할지 생각하게 만든다.

16

죽어야 할 녀석은 죽으러 가라!
괴로워해야 할 녀석은 괴로워하러 가라!
인간은 행복해지기 위해 사는 게 아니다.
예정된 규율을 이행하기 위해 사는 것이다.
괴로워하라. 죽어라.

그러나 네가 되어야 할 존재가 되어라.
즉, 하나의 인간이 되어라.

-로맹 롤랑, 『장 크리스토프』 중에서

로맹 롤랑(Romain Rolland) 1866~1944년. 프랑스의 소설가. 『장 크리스토프』는 베토벤을 모델로
삼은 대하소설로, 성장소설을 대표하는 작품 중 하나다. 로맹 롤랑은 이 작품으로 1915년 노벨
문학상을 수상했다.

고통을 뛰어넘는 데에
인생의 묘미가 있다

혼자 도쿄로 와 재수를 하던 때를 떠올리면 자동으로 생각나는 책이 한 권 있다. 로맹 롤랑의 『장 크리스토프』로, 주인공인 장 크리스토프의 성장 과정이 장장 10권에 걸쳐 그려진 방대한 소설이다. 처음에는 공부를 마치고 돌아와 집에서 할 일도 없으니 책이나 보자는 마음으로 이 책을 집어 들었다. 언제 다 읽을까 엄두가 나지 않았는데 읽다 보니 나도 모르게 푹 빠져들었고, 중반부를 넘어서고부터는 남은 분량이 아쉬워 일부러 천천히 읽을 정도였다. 나는 이 책을 매일 밤 조금씩 읽으면서 재수생활의 외로움과 고단함을 달랬다.

밤낮 술에 취해 있는 음악가 아버지의 방탕한 생활로 인해 어린 나이부터 일찍이 돈을 벌어야 했던 장 크리스토프는 친구와의 우정도, 애틋했던 첫사랑도 모두 이루지 못한 채 삶의 쓰라림을 맛봐야 했다. 그리고 갑작스럽게 주정뱅이 아버지가 익사하고 만다. 여기에서 소개한 문장은 장 크리스토프가 죽은 아버지의 곁에서 들은 신의 음성으로, 그로 인해 인간이 사는 건 행복해지기 위해서가 아니라 하나의 '인간'이 되기 위해서라는 사실을 깨닫는다.

이 구절 중 '죽어라'는 말은 죽을힘을 다해 살라는 뜻으로 해석할 수 있다. 그래야만 사람은 '되어야 할 존재'가 된다. 로맹 롤랑은 어떠한 역경에도 좌절하지 않고 완성된 인간이 되기 위해 악전고투하는 장 크리스토프를 통해 '고통을 받아들이고 그 고통을 뛰어넘는 것이 인생 최고의 묘미'라는 사실을 보여주고 싶었던 건 아닐까?

Part 3

벽을 돌파하는 말

미처 대비하지 못한 인생의 위기에도 상처받지 않고, 툭툭 털고 일어나 '괜찮다'고 말하기 위해서는 깊은 내공이 필요하다. 그러나 내공을 쌓는다는 건 결코 쉬운 일이 아니다. 더군다나 평범한 일상을 살아가다 보면 저절로 나태해지기 마련이다. 그래서 갑작스러운 실직이나 병마처럼 피할 수 없는 고난이 닥쳐왔을 때 아무런 대비가 되어 있지 않음을 깨닫고는 지나간 시간을 안타까워한다.

내 마음속에 울림 있는 문장을 새기는 일은 깊은 내공을 쌓는 데 필요한 재료를 더하는 행위다. 한 줄씩 노트를 채워갈 때마다 그 문장에 담긴 지혜와 지식이 내면에 쌓인다. 이렇게 쌓아온 문장들이 내가 직접 겪은 경험과 뒤섞이면서 나만의 특별한 내공이 되고, 예상치 못한 벽을 돌파할 수 있는 강력한 무기가 된다.

17

나를 뒤덮는 칠흑 같은 밤
쇠창살에 숨겨진 찰나의 어둠
어떤 신에게라도 감사한다
굴복하지 않는 영혼을 주심에

무참한 상황에 놓여 있더라도
나는 움츠러들지도 소리 지르지도 않았다
운명에 박살 나 머리가 피투성이 되어도
결코 머리를 숙이지 않으리

격렬한 분노와 눈물의 저편에는
무서운 죽음만이 다가온다
그러나 오랜 세월 위협받아도
나는 무엇 하나 두려워하지 않는다

지나가야 할 문이 얼마나 좁은지
얼마나 가혹한 벌이 기다릴지는 문제되지 않는다
나는 내 운명의 지배자
내 영혼의 선장

-윌리엄 어니스트 헨리, 「인빅터스」

윌리엄 어니스트 헨리(William Ernest Henley) 1849~1903년. 영국의 시인. 12세 무렵 결핵에 걸린
후 뼈까지 전이되어 25세의 나이로 다리를 절단했다. 이 시는 그가 26세에 침상에 누워 쓴 시
로, 이후 53세까지 많은 활동을 하다가 숨을 거두었다.

오직 나만이
내 운명을 개척할 수 있다

　　남아프리카공화국의 전 대통령 넬슨 만델라. 그는
옛 백인 정권의 인종차별에 맞서 투쟁을 벌이다가 반역죄로
체포되어 1964년에 종신형을 선고받은 뒤 27년간 옥살이
를 했다. 양팔을 겨우 벌릴 수 있을 만큼 좁은 방에 갇혀 매
일 고문과 매질을 당했고, 40도가 넘는 사막에서 강제노동을
하며 죽을 고비도 여러 번 넘겼다. 하지만 그는 "모든 사람이
똑같은 기회를 갖는 민주적이고 자유로운 사회를 꿈꾼다. 나
는 그 이상을 위해, 그것을 성취하기 위해 살아간다. 필요하
다면 그것을 위해 죽을 준비도 되어 있다"는 말로 자신의 신
념을 확고히 했다.

　평범한 사람이라면 결코 버텨내지 못했을 극심한 고통을
27년간이나 이겨내게 한 원동력은 바로 윌리엄 어니스트 헨
리의 시, 「인빅터스」였다. 만델라는 감옥에서 '나는 내 운명

의 지배자 내 영혼의 선장'이라는 구절을 수없이 암송하며 스스로를 담금질했고, 지옥 같은 감옥생활 속에서도 희망을 꿈꾸었다. 이는 한마디 말이 인간의 신념을 지탱해준다는 사실을 보여주는 전형적인 예다.

'인빅터스'란 라틴어로 '정복되지 않는'이라는 뜻이다. 즉, 어떤 위협이 닥쳐와도 절대 무릎 꿇지 않겠다는 의미다. 사실 위협을 당해 겁에 질릴지 혹은 그럼에도 불구하고 당당히 맞설지는 오직 마음먹기에 달려 있다. 나만이 내 운명의 지배자이자 영혼의 선장이라는 의식이 있으면 앞으로의 삶도 스스로의 의지로 개척할 수 있는 법이다.

27년간의 모진 감옥생활은 위협으로 가득 차 있어서 언제 살해된다고 해도 이상하지 않았다. 이러한 인내의 시간은 곧 자기 자신과의 싸움이었고, 그에게도 역시 지치고 힘든 순간이 찾아왔을 것이다. 그럴 때마다 만델라는 이 시를 되뇌었다. 그러면서 동시에 앞이 전혀 보이지 않는 캄캄한 시대의 암흑 속에서 스스로 빛이 되고자 했다. 그의 강인하고 놀라운 정신력에 감탄하지 않을 수 없다.

소리 내어 읽을 때
비로소 그 말이 영혼에 새겨진다

좋은 말은 속으로 읽기만 해도 가슴에 여운을 남기지만, 암송을 하면 더 놀라운 힘을 내 것으로 만들 수 있다. 실제로 나는 책을 소리 내어 읽는 습관이 있다. 요즘 대부분의 사람들은 책을 눈으로만 읽는 묵독에 익숙한데, 중세 유럽이나 일본 에도시대까지만 해도 음독이 보편적인 독서법이었다. 이는 중국이나 한국도 마찬가지다.

책을 소리 내어 읽으면 묵독에서 얻을 수 없는 여러 효과를 얻을 수 있다. 먼저 오래 기억에 남는다. 소리 내어 읽는 순간 그 문장이 머릿속에 들어와 짙은 잔상을 남기기 때문이다. 눈으로 보고 입으로 소리 내며 다시 귀로 듣는 과정을 통해 여러 감각이 활성화되어 우리의 뇌를 자극한다. 실제로 음독을 할 때 뇌를 관찰한 결과 전두엽이 활성화되며, 묵독에 비해 20퍼센트나 더 오래 머릿속에 남는다는 실험결과도 있다. 또 좋은 문장을 소리 내어 읽으면 혈중 아드레날린 농도를 높이는 효과도 있다. 우리의 영혼 깊숙한 곳에 문장이 각인되어 그 말이 울려 퍼지는 느낌이 들기 때문이다.

감옥 속에서도 희망을 버리지 않았던 만델라처럼, 책을 읽다가 좋은 구절이 나오면 반드시 소리 내어 읽어보는 습관을 들여보자. 저자의 사상과 신념이 응축된 문장은 소리 내어 읽을 때 빛을 발한다. 그리고 한두 문장 정도는 외울 수 있을 정도로 반복해 읽어보자. 대강 뜻만 통할 수 있을 정도로 외워두면 그 문장은 평생 나의 자산이 되어 언제 어느 때라도 마음을 굳건하게 지탱해줄 것이다.

18

어떤 고난에 마주치더라도
자신을 직시하는 것 말고 다른 길은 없다.

아무리 슬픔의 눈물에 흠뻑 젖더라도
그것을 직시하는 것 말고 우리에게 다른 방법은 없다.

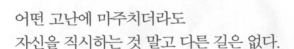
바다를 보며 대양으로 나가라.
태풍이 거세게 몰아쳐도 바다로 나가라.

-와타나베 겐지, '고등학교 졸업생에게 보낸 메시지' 중에서

와타나베 겐지(渡辺憲司) 1944년생. 릿쿄니자중고등학교 교장. 동일본 대지진으로 졸업식을 치르지 못한 탓에 졸업사를 학교 홈페이지에 올렸는데, 이것이 온라인상에서 빠르게 퍼져나가 일본 사회에 커다란 반향을 불러일으켰다.

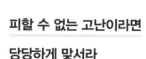

피할 수 없는 고난이라면
당당하게 맞서라

졸업식은 헤어짐과 새 출발을 동시에 의미하는 축제의 장이다. 그때 아이들에게 건넬 수 있는 최고의 선물은 가슴에 울림을 주는 말 한마디가 아닐까?

2011년 3월 11일, 일본 혼슈 북부의 도호쿠 지방에서 발생한 동일본 대지진으로 인해 많은 학교가 졸업식을 치르지 못한 채 학생들을 떠나보냈다. 릿쿄니자중고등학교도 그런 학교 중 하나였다. 이에 와타나베 겐지 교장은 학교 홈페이지에 졸업생들을 위한 메시지를 실어 축사를 대신했다. 그는 A4용지 두 장 분량의 짧은 글을 통해 거친 바다로 출항을 앞둔 젊은이들에게 이제부터 필연적으로 마주칠 고난을 회피하지 말고, 냉정하게 현실을 직시하며 당당히 나아가라고 뜨겁게 격려했다. 사회에 진출할 졸업생들에게 용기를 주고자 작성했던 겐지 교장의 졸업사는 이후 온라인상에서 빠르게

퍼져나가 동일본 대지진으로 상처 받은 일본인들의 마음을
어루만져주었다.

인생의 목적은
끊임없는 전진이다

　　　'바다를 보며 대양으로 나가라'라고 하는 겐지 교장
의 졸업사를 읽으면 실패를 해도 주어진 운명에 당당히 맞서
전진하라는 철학자 프리드리히 니체의 말이 떠오른다.

　　"인생의 목적은 끊임없는 전진이다. 앞에는 언덕이 있고
냇물이 있고 진흙도 있다. 걷기 좋은 평탄한 길만 있는 게 아
니다. 먼 곳으로 향하는 배가 풍파를 만나지 않고 조용히 갈
수만은 없다. 풍파는 언제나 전진하는 자의 벗이다. 차라리
고난 속에 인생의 기쁨이 있다. 풍파 없는 항해는 얼마나 단
조로운가! 고난이 심할수록 내 가슴은 뛴다."

　　이 세상에 행복과 성공이 보장된 운명을 타고난 사람은

없다. '꽃길'만 걷는 인생은 현실 세계에 존재하지 않는다. 우리는 모두 필연적으로 바람에 맞서야 하는 한 척의 배와 같다. 더 큰 바다로 나아가기 위해서는 파도라는 난관을 직시하고 받아들여 내 편으로 만드는 지혜와 용기가 필요하다. 당당히 얼굴을 들고 앞으로 나아갈 각오를 다져야 한다는 뜻이다. 파도가 거세고 험난할수록, 그만큼 나중에 이룰 성공은 더 커지고 단단해지며 오래 지속될 것이다.

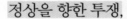
정상을 향한 투쟁,

그 자체만으로도
인간의 마음을 가득 채우기에 충분하다.

-알베르 카뮈, 『시시포스의 신화』 중에서

알베르 카뮈(Albert Camus) 1913~1960년. 프랑스의 소설가 겸 극작가. 1942년 『이방인』을 발표하여 칭송을 받았으며 문단의 총아로 떠올랐다. 에세이 『시시포스의 신화』, 희곡 『칼리굴라』 등을 통해 부조리한 인간과 사상에 대해 이야기했으며 소설 『페스트』 등의 작품을 남겼다.

정상을 향한 노력,
그것만으로도 가치 있다

알베르 카뮈의 철학적 에세이 『시시포스의 신화』를 모르는 사람은 없을 것이다. 그리스 신화에 나오는 코린토스의 왕 시시포스는 제우스의 분노를 사 저승에 가게 되자 저승의 신 하데스를 속이고 장수를 누린다. 하지만 그 죄로 인해 저승에서 무거운 바위를 산 정상으로 밀어 올리는 형벌에 처해졌다. 그런데 정상에 도착하면 바위가 다시 아래로 굴러 떨어지므로, 그는 영원히 이 헛된 노동을 반복해야 했다.

그의 운명은 참혹하고 부조리하다. 하지만 카뮈는 이 책을 통해 주어진 고역을 고생이라 여기지 않는 시시포스가 오히려 승자이자 부조리한 세상의 영웅이라고 말한다. 영원히 산 밑에서 바위를 밀어 올려야 하는 시시포스의 운명을 부조리한 세계에 던져진 인간의 삶에 빗대어, 인간이 할 수 있는 최선의 반항은 그 삶을 똑바로 직시하며 끝까지 이어나가는 것임을 밝힌다.

어떠한 곤경에도 자신의 삶을 열심히 또 기어이 살아내는 불굴의 의지는 인간이 신에게 내놓을 수 있는 유일한 무기다. 그렇게 시시포스는 자신의 운명을 묵묵히 짊어짐으로써 결과의 무의미함을 절차의 충실함으로 전환시켰다.

'지금 하는 고생이 무슨 의미야. 다 부질없어'라며 처음부터 포기하지 않고, 과정에 전력을 다함으로써 자신의 존재 이유를 찾아낸다면 어떻게 될까? 결말이 아니라 과정이라는 관점에서 상황을 파악하면 모든 일이 전혀 다르게 보인다. 카뮈가 시시포스를 통해 전하고자 한 사실도 바로 이것이었다. 현재를 충실히 산다는 것의 의미 말이다.

현재라는 시간에
모든 것을 걸어라

우리는 누구나 따분함, 권태감, 불안감과 싸운다. 그렇기에 '내가 하는 일이 비록 대단하지는 않지만, 그럼에도 현재에 충실하자'고 생각하며 살아가는 편이 좋다. 하지만 이렇게 되뇌며 몇 번이고 자신을 다잡아도 시시포스처럼 어떤 일을 영원히 반복해야 한다는 사실을 알면 대개의 사람들은 포기하고 싶어지기 마련이다.

그러나 현실에서는 시시포스처럼 똑같은 일을 무한히 반복하며 살아가는 사람은 거의 없다. 설사 비슷한 패턴이 반복된다고 해도 조금씩 다르게 보이는 것이 우리네 삶이다. 그렇기에 '다른 결과가 나올지도 몰라'라는 마음으로 한 번 더 행동한다면 다른 미래가 찾아올 것이다. 이것이 바로 우리가 현재라는 시간에 모든 것을 걸어야 하는 이유다.

20

한 인간에게는 생애 중 한 번
그의 운명과 인생을 결정해야 할 때가
반드시 찾아온다.

그때를 극복한 순간
그의 미래는 완전히 바뀐다.

-엔도 슈사쿠, 『파묻힌 고성』 중에서

엔도 슈사쿠(遠藤周作) 1923~1996년. 작가. 1953년부터 1955년에 걸쳐 문단에 등장한 신인 소설가를 지칭하는 '제3의 신인' 가운데 한 사람이다. 『파묻힌 고성』은 폐허가 된 일본의 고성을 돌아본 여행기다. 대표작으로는 『침묵』이 있으며, 이 책은 13개국 이상의 언어로 번역되어 전 세계적으로 높은 평가를 받았다.

지금 이 순간이
최대의 승부처라는 마음으로

살다 보면 '이번만 잘 넘기면……' 하고 생각이 드는 때가 있다. 이때 에너지를 집중적으로 쏟아부어 고비를 잘 극복해내면 인생이 몰라보게 달라진다. 대입시험이 좋은 예다. '이 정도 대학이면 괜찮아'라고 단념하여 현역으로 들어가 잘 다니는 사람도 있지만, '1년만 더 도전해보자'고 결심해 괴로운 재수생활을 극복하고 미래를 바꾼 사람도 많다. 대입시험뿐만이 아니다. 한 순간의 힘든 고비를 잘 버텨냈는지에 따라 5년 후, 10년 후의 삶이 좌우되는 경우가 많이 있다.

그런데 현대인들은 '지금이 도약의 골든타임이다' 혹은 '지금이 내 인생 최대의 승부처다'라는 각오를 외면한 채 살아가는 듯하다. 내 제자들 중에도 연구실로 찾아와 "지금이 제 인생에 있어 중요한 순간이라는 건 잘 알겠는데 너무 힘들어서 도망치고 싶어요"라며 고민을 털어놓는 학생들이 많다. 이를테면 취업 준비를 해야 하는 시기에 아르바이트까지

겹쳐 자격증 공부를 할 시간이 도무지 나지 않는다든가, 대학원 진학을 앞두고 부모와의 갈등이 있다든가 하는 식이다. 그들도 지금의 고비를 잘 넘겨야 인생의 다음 단계로 나아갈 수 있음을 잘 알고 있다. 하지만 그럼에도 불구하고 버텨내거나 필사적으로 달려들지 못하는 이유는 '승부감각'이 둔해져 있기 때문이다. 벽을 돌파해야 하는 절체절명의 순간에 몸을 내던질 만한 단단한 마음이 없기 때문이다.

극복이 어렵다면
3개월만 버텨보라

시간은 언제나 같은 속도로 흐르는 것처럼 보인다. 그러나 시간을 어떻게 보내느냐에 따라 밀도가 짙은 시기가 있는 반면 옅은 시기도 있기 마련이다. 같은 시간 동안 더 많은 일을 해낼 수 있는 시기, 즉 집중력의 밀도가 짙어지는 시기에 에너지를 쏟아부으면 만사가 좋은 흐름을 타 최고의 효율과 가치를 얻을 수 있다.

지금의 고비가 너무 힘들어 도망치고 싶은 사람들에게 나는 적절한 기간을 설정해 힘껏 달려보라고 조언한다. 그 기준은 3개월이다. 1년이나 3년처럼 연 단위로 기간을 잡으면 여간한 의지력이 아니고서야 버티기가 쉽지 않다. 아직 시간이 많이 남았다는 생각에 나태해지기 십상이고, 아무리 노력해도 계획을 방해하는 일이 여기저기서 튀어나오기 때문이다. 그런 이유에서 3개월이 최적의 기간이라고 생각한다. '이 또한 지나간다. 그러니 앞으로 3개월만 버텨보자'라고 마음을 먹고 힘껏 달려본 후 그때의 상황을 봐서 도전을 이어나갈지 그만둘지 결정해도 충분하다.

내 제자 중에는 교생실습을 앞두고 "제게는 선생님의 자질이 없는 것 같아요"라며 고민을 털어놓은 학생도 있었다. 이 학생 역시 선생님이 될지 말지라는 인생의 큰 고비를 앞두고 부딪쳐보기도 전에 지레 겁부터 먹고 도망치려 했다. 사실 그런 고민은 교생실습을 겪어보고 난 후에 해도 충분하지 않을까? 도전에 앞서 큰 벽에 가로막혔다면 그때는 결정을 잠시 연기하고 현재의 승부에 에너지를 쏟아부어야 한다. 결정을 연기할 수 있다는 건 그만큼 마음이 단단하고 여유가 있다는 증거다.

21

치밀어 오르는 눈물을 몇 번이고 훔쳐내면
전하고 싶은 말이 전해지는 걸까
누군가에게, 무언가에 화를 내봐도
출구가 없다면

분하고 괴로울 때
애써봤자 아무 소용없을 때도
너를 떠올려
만 번 실패해서 녹초가 되더라도
만 한 번째는 무언가 달라질지도 몰라

-DREAMS COME TRUE, 「몇 번이라도」 중에서

DREAMS COME TRUE 일본의 혼성 듀오. 2005년에 발표한 노래 「몇 번이라도」는 'THE LOVE ROCKS' 앨범에 수록된 곡이다. 이 곡은 동일본 대지진 직후 일주일 동안 일본의 라디오 방송에서 가장 많이 흘러나온 노래다.

양이 쌓이면
질적인 변화가 일어난다

「몇 번이라도」의 가사 중 '만 번 실패해서 녹초가 되더라도 만 한 번째는 무언가 달라질지도 몰라'라는 구절은 마치 과장된 말처럼 느껴지지만 실제로도 충분히 벌어질 수 있는 일이다.

나는 이 노래를 들을 때마다 토머스 에디슨이 백열전구를 발명했던 당시의 이야기가 떠오른다. 에디슨이 전구를 발명할 때 겪은 가장 큰 난관은 전류를 빛으로 바꾸는 물질인 필라멘트를 발견하는 일이었다. 에디슨은 필라멘트가 될 만한 물질의 표본을 하나하나 모아 실험을 해나갔는데, 무려 2000번 이상 실패를 거듭하자 주변 사람들은 그를 향해 "이건 무리야. 성공은 불가능해"라며 이제 그만 포기할 것을 권했다.

보통 사람 같으면 200번만 실패해도, 아니 20번만 실패해도 포기했을 것이다. 그런데 에디슨은 수천 번의 실패에

도 굴하지 않았다. "이 세상에 필라멘트가 될 수 있는 물질은 5000개가 넘는다. 이미 재료 중 2000개는 못 쓴다는 사실을 알아냈으니 그만큼은 성공한 것이다"라며 의지의 끈을 놓지 않았다.

'만 번 실패해도 만 한 번째는 잘 풀릴지도 몰라'라는 말은 '만 한 번째에는 기적처럼 행운이 찾아올지도 몰라'라고 해석할 수도 있겠지만, 나는 조금 다르게 느낀다. 개인적으로는 이 말을 '양질전환', 즉 양이 쌓임으로써 질적인 변화가 일어나는 것이라고 해석하고 싶다. 최고의 도자기를 굽기 위해서는 많은 도자기를 구워보고 깨뜨려봐야 하듯 자신이 달성하고자 하는 목표를 향해 시간, 노력, 열정의 양을 늘려야만 질적인 도약을 할 수 있는 법이다.

성패를 가르는 힘,
기술화의 법칙

1990년대에 학창시절을 보낸 사람 중에 농구를 주제로 한 만화 『슬램덩크』를 모르는 사람은 없을 것이다. 주인공 강백호는 농구의 기본조차 모르는 이른바 '농구 무식자'였지만, 체육관에서 합숙을 하며 2만 번 슛을 연습해 결정적인 순간 팀을 승리로 이끌었다. 바로 이 정도의 횟수, 즉 1만 번에서 2만 번의 연습이 '기술화'의 필요조건이다. 기술화란 반복 연습을 통해 몸에 익어 언제든 구사할 수 있는 움직임을 의미한다.

일단 어떤 기술이 몸에 익은 다음부터는 계속 그 기술을 구사할 수 있다는 점이 기술화의 법칙이다. 다시 말해 양이 쌓여 질적 변화가 일어나면, 그 질이 계속해서 이어진다는 뜻이다. '헤엄칠 수 있을 때도 있지만 못 칠 때도 있다'거나, '자전거를 탈 수 있을 때도 있지만 못 탈 때도 있다'는 사람은 없지 않은가? 자전거를 못 타는 사람이라도 넘어지는 횟수가 쌓이면 잘 탈 수 있기 마련이며, 한번 자전거를 익혀두면 오랜 세월이 흐른 경우가 아니고서야 언제든지 다시 탈 수 있는 법이다.

단, 얼마만큼 넘어져야 탈 수 있게 되는지는 사람마다 다르다. 운동신경과 균형감각이 뛰어난 사람은 서너 번만 넘어져도 탈 수 있지만, 그렇지 못한 사람은 200번 넘어지고 나서야 201번째에 앞으로 나갈 수도 있다. 이처럼 넘어지는 횟

수는 타고난 재능에 따라 차이가 나지만, 일단 탈 수 있게 되면 서너 번 만에 성공한 사람과 201번 만에 성공한 사람간의 차이는 거의 없다.

기술화의 법칙처럼 성공은 셀 수 없이 실패를 거듭하더라도 '언젠가는 할 수 있다'고 우직하게 믿으며 계속 도전할 용기가 있는 사람에게만 찾아온다. 에디슨은 2000번 넘게 실패했지만, 결국 2399번의 실험을 끝내고 2400번 만에 필라멘트를 만드는 데 성공했다. 그러고는 이렇게 말했다.

"누구에게나 2400번의 기회는 주어진다. 그 기회는 실패가 아닌 성공을 위한 기회다. 끝까지 포기하지 않고 가다 보면 성공은 어느 순간 우리에게 와 있을 것이다."

결국 성패를 가르는 힘은 포기하지 않는 근성과 우직한 믿음에서 나온다.

22

마지막까지
희망을 버려선 안 돼…….

단념하면 바로 그때
시합은 끝나는 거야.

-이노우에 다케히코, 『슬램덩크』 중에서

이노우에 다케히코(井上雄彦) 1967년생. 만화가. 농구선수로 활동했지만 작은 키 때문에 꿈을 접
고 농구를 소재로 한 만화를 그리기로 결심했다. 당시 일본에서는 농구가 별로 인기가 없었음에
도 그의 만화 『슬램덩크』는 《소년 주간 점프》에 연재되며 전 세계적으로 큰 인기를 끌었다. 그
뒤 미야모토 무사시의 일대기를 다룬 만화 『배가본드』를 그렸다.

마음에 새겨진 말 한마디로
다시 일어서다

대학에서 강의를 하며 '지금까지 읽은 책 가운데 가장 인상 깊었던 구절을 인용해 자신의 경험을 1분간 말하기'라는 주제로 수업을 진행한 적이 있다. 학생들 대부분이 취업 준비로 인해 독서량이 줄어든 탓에 인용할 구절을 쉽게 떠올리지 못했는데, 만화도 괜찮다고 장벽을 낮춰주었더니 가장 많이 나온 구절이 바로『슬램덩크』의 이 대사였다.

농구 천재 정대만은 중학교 때까지 오직 농구만을 바라보며 살아왔다. 그 노력에 힘입어 정대만이 이끄는 중학교 농구팀은 결승전에 진출했다. 하지만 결승전 우승은 결코 만만치 않았다. 시간이 얼마 남지 않은 상황에서 정대만은 우승이 쉽지 않겠다고 생각한 나머지 경기를 포기하는 상황까지 치달았다.

그때 그의 인생에서 가장 중요한 순간이 찾아왔다. 안 선생님은 체념하고 경기를 포기하려 하는 그에게 이런 말을 건 넸다. "마지막까지 희망을 버려선 안 돼……. 단념하면 바로 그때 시합은 끝나는 거야."

이후 정대만은 안 선생님이 이끄는 북산고 농구부에 입단 했지만, 무릎 부상을 계기로 농구에서 멀어져 타락의 길을 걸었다. 그러던 어느 날 체육관에 난입하여 싸움을 벌이다 떠올린 것이 중학생 시절 안 선생님에게 들었던 말 한마디였 다. 기억 속 은사의 말 한마디가 방탕한 삶을 이어오던 제자 를 다시 일으켜 세운 장면에서 말이 가진 위력이 뚜렷이 드 러난다.

"마지막까지 희망을 버려선 안 돼"라는 말은 얼핏 보기에 흔해 빠진 대사 같다. 그런데도 이 말은 정대만의 마음에 깊 숙이 박혀 그를 변화시킨 계기가 되었다. 학생들 중 대다수 가 이 대사를 떠올렸던 이유도 틀림없이 이 한 문장이 '살아 가는 힘'이 되어 마음에 새겨져 있었기 때문이리라.

여담으로 나는 농구를 좋아하는 동네 중학생들에게 『슬 램덩크』를 소개받고는 읽기 시작했다. 그들은 "꼭 전권을 다 읽어야 해요. 틀림없이 감동받을 거예요!"라며 내게 신신당부했는데, 실제로 다 읽은 뒤 나는 그 어떤 책보다도 흠뻑 빠져들었다. 서로 라이벌 의식을 갖고 있던 강백호와 서태웅이 패스를 주고받는 마지막 장면에서는 '두 사람의 우정이 이런 단계에까지 이르렀구나'라며 가슴이 뜨거워졌을 정도다. 그 다음부터는 내가 주위 사람들에게 이 책을 추천했고, 심지어는『슬램덩크적인 우정론』이라는 책까지 썼다.

이러한 청춘만화에 감동하는 사람은 아무래도 나뿐만이 아닌 것 같다.『슬램덩크』는 일본은 물론 바다 건너 한국과 대만, 프랑스, 미국에서도 수많은 팬을 낳았다고 한다. 아직 읽어보지 않은 사람이 있다면 자신 있게 추천할 만한 걸작이다. 이 만화에서 자기만의 한 문장을 찾아봐도 좋겠다.

23

우주에서 귀환한 뒤 소감을 묻기에
"기술보다 근성"이라고 대답했습니다.

물론 기술을 전제로 한 근성입니다.
여기서 근성이란
고집과 포기하지 않는 인내력을 뜻합니다.

-가와구치 준이치로, 『하야부사식 사고법』 중에서

가와구치 준이치로(川口淳一郎)　1955년생. 우주공학자. 우주항공연구개발기구 우주과학연구소
교수 겸 선임연구원. 일본이 독자적으로 개발한 소행성 탐사 우주선 하야부사 외에 사키가케, 스
이세이, 히텐 등에서 수많은 과학위성미션에 참여했다.

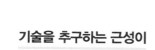

기술을 추구하는 근성이
높은 목표를 이루게 한다

소행성 이토카와의 미립자 1500여 개를 채취해 극적으로 지구 귀환에 성공한 탐사 우주선 하야부사. 그 프로젝트의 매니저였던 가와구치 준이치로는 지구로 무사히 귀환한 소감을 묻는 질문에 "기술보다 근성"이라는 한 줄의 문장으로 답을 전했다.

물론 이 말은 근성이 기술보다 전적으로 우위에 있다는 뜻은 아니다. 기술을 추구하는 근성이 중요하다는 의미다. 즉, 목표를 달성하겠다는 고집과 포기하지 않는 인내력이 기술을 뒷받침하지 않으면 하야부사 프로젝트와 같은 큰일을 달성할 수 없었다는 의미로 해석이 가능하다. 나는 개인적으로 가와구치의 말을 다양하게 응용하여 사용한다. 이를테면 어려운 시험을 앞둔 학생에게는 "지식보다 근성"이라는 말로 용기를 북돋아준다.

타고난 재능을 이기는
열정적 끈기의 힘

근성이라는 단어를 논할 때 빼놓을 수 없는 인물이 있다. 천재 장기기사라 불리는 하부 요시하루다. 그는 10대 시절부터 고전 장기의 묘수풀이집인 『장기무쌍』과 『장기도교』를 공부했다. 전 일본장기연맹 회장인 요네나가 쿠니오가 장기 묘수풀이를 하면 실력이 쌓인다고 말한 이후 하부뿐만 아니라 다른 장기기사들도 모두 이 책을 공부했다고 한다.

『장기무쌍』과 『장기도교』에는 각각 100문제가 수록되어 있는데, 같은 페이지에 문제와 해답이 함께 실려 있다. 하부는 스스로 문제를 해결하기 위해 한 문제씩 다른 종이에 베껴 써서 가지고 다니며 해답을 찾았다. 문제가 너무 어려워 하루에 한 문제는 고사하고 일주일, 때로는 한 달이 넘게 걸리는 문제도 있었다. 하지만 그는 끝까지 포기하지 않았고 무려 7년 만에 200문제를 다 풀어냈다.

하부는 이후 "200개 문제를 끝까지 풀어낸 끈기와 노력이 지금의 자신을 만들었다"고 말했다. 일본 최고의 장기기사가 된 지금도 그때 풀었던 문제들을 가지고 다니며 틈틈이 푸는 것으로도 유명하다.

　나는 타고난 재능보다는 운명에 도전하려는 근성이 살아가면서 더 큰 힘을 발휘한다고 믿는다. 천부적인 재능과 센스를 타고난 사람이라도 근성이 없다면 성장을 지속할 수 없다. 하부뿐만 아니라 스포츠계에서는 후천적인 노력으로 천재적인 선수들을 능가하는 인물이 많은데, 이들은 공통적으로 '투쟁하는 근성'이 있다. 근성이 있기에 발전이 따르고, 목표를 달성하겠다는 고집이 있기에 어떻게든 정상으로 가는 길을 찾아내는 것이다. 그런 의미에서 나는 타고난 천재보다 근성과 고집을 갖고 자기 삶에 전력을 다하는 사람이 더 위대하다고 생각한다.

24

나는 실패라는 말이 좋더라
인간에게는 인생을 실패할 권리가 있거든

인생이란 상연되지 않는 연극을 위한
리허설에 불과해

–영화 「아멜리에」 중에서

아멜리에(Amelie Of Montmartre, 2001) 다른 사람들을 행복하게 해주려고 노력하는 수줍음 많은 소
녀 아멜리에의 이야기를 그린 로맨틱코미디 영화. 오드리 토투, 마티유 카소비츠, 도미니크 피농
등이 출연했다. 아기자기한 이야기, 촬영 기교, 특수효과를 통해 밝고 행복한 분위기를 이끌어냈
으며, 2001년 카를로비바리영화제 등 유럽의 네 개 영화제에서 수상하였고 아카데미상과 골든
글로브상에서 외국영화 부문 후보에 올랐다.

실패가 권리라고 생각하면
도전이 즐거워진다

장 피에르 주네 감독의 영화 「아멜리에」는 파리 몽마르트에 사는 공상가 여자아이가 주인공으로 나오는 코미디 영화다. 나는 이 영화를 무척 재미있게 보았는데, 그중에서도 '인간에게는 인생을 실패할 권리가 있거든'이라는 대사가 나오는 장면은 수십 번씩 돌려 보았다.

'실패는 인간의 권리다'라는 말을 들으면 왠지 몇 번 실패했더라도 혹은 실패할 가능성이 큰 일을 앞두고 있더라도 과감하게 도전해도 괜찮을 것 같은 기분이 든다. 그리고 이러한 마음으로 살아가야 인생을 스스로 개척해나가는 묘미를 느낄 수 있는 법이다.

일본의 대표적 기업인 마쓰시타 고노스케는 실패에 관한 격언을 많이 남긴 것으로 유명하다. "나는 실패한 적이 없다. 어떤 어려움을 만났을 때 거기서 멈추면 실패가 되지만 끝까지 밀고 나가 성공을 하면 실패가 아니기 때문이다"라든가 "실패를 두려워하기보다는 진지하지 못한 태도를 두려워해야 한다"는 그의 말들은 실패와 좌절감에 젖어 있던 대학원생 시절에 내가 즐겨 읊었던 문장들이다. 교수가 된 지금은 일이 잘 풀리지 않는다며 상담을 요청해온 학생들에게 종종 들려주고 있다.

성장하는 사람은
실패를 에너지로 바꾼다

일본에서는 한때 '초식남'이라는 말이 유행했다. 일에도 사랑에도 열정을 보이지 않고 무덤덤하게 취미생활을 하며 살아가는 남성을 가리키는 단어다. 왜 이런 사람들이 많아졌을까? 나는 가장 큰 원인이 청년에게 실패를 허락하지 않는 사회적 분위기 때문이라고 생각한다. 과거에는 실패를 두려워하지 않고 새로운 일에 계속 도전하는 사람들을 높이 평가하는 분위기였다. 한두 번 실패해도 이를 반성의 기회로 삼아 다음 도약의 발판으로 삼으면 됐고, 그로써 사람들은 살아가는 힘을 배우고 키울 수 있었다.

그런데 현대사회에서는 좀처럼 실패를 용납하지 않는다. 과정이 아닌 결과를 중시하는 평가방식이 사회 전반에 만연해 있기 때문이다. 이런 사회에서는 청년들이 과감하게 도전하고 행동하기가 어렵다. 좌절하고 피곤하게 살 바에야 초원에서 풀을 뜯는 초식동물처럼 유유자적하며 시키는 일만 하는 쪽이 훨씬 더 편하고 안정적이다.

하지만 한 번도 실패하지 않는 사람은 없다. 마찬가지로 하는 일마다 모두 성공하는 사람도 없다. 중요한 것은 실패로부터 무언가를 배우겠다는 마음가짐이다. 한 번의 실패로 밀려나게 되더라도 이에 굴복하지 않고 다시 일어서는 힘을 길러야 한다. 성공하는 사람은 실패를 다시 일어서는 에너지로 바꾼다. 그리고 한두 번 실패했다고 하여 바로 포기하지 않을 만큼 강인한 정신을 가지고 있다. 설령 "넌 이미 끝났어"라는 말을 들어도 쓰러지지 말아야 한다. 회사에서 승진한 사람을 보면 '저 녀석은 상사에게 아부를 떨어 성공한 거야. 실력은 비슷한데……'라고 생각하기보다는 그 상대를 자세히 관찰해야 한다. 그러고는 다음번에 승진할 수 있도록 자기만의 내공을 갈고닦아야 한다.

　실패가 두려워 행동하지 못하는 사람들에게 "인간에게는 실패할 권리가 있다"는 말이 도전의 촉진제가 되어줄 것이다. 또 의무로 여겼던 일도 권리라고 생각하면 행동할 용기가 나는 법이다. 나도 수업 중에 비슷한 일을 경험했다. 학생이 200명이나 있는 교실에서 "누군가 앞으로 나와 자기가 좋아하는 책에 대해 말해보세요"라고 재촉했더니 다들 긴장하여 나오지 않았다. 부끄럽기도 하고 무언가에 도전하고자 하는 의식이 부족한 탓이었다. 그래서 이렇게 말해보았다.

　"여러 사람 앞에서 자기가 좋아하는 책을 소개하는 일은 의무가 아닌 권리입니다. 앞에서 이야기할 수 있는 사람은 기껏해야 두세 명이에요. 권리를 행사하지 않는 것은 자유이므로 아무도 하지 않는다면 제가 하지요."

　이 한마디로 의식이 전환되어 "권리니까 해보겠습니다"라며 손을 드는 학생이 나타났다. 이런 일을 한번 경험한 학생은 도전에 익숙해져서 다음부터는 더 과감하게 행동할 수 있게 된다.

무언가 도전하기에 앞서 주춤하고 쑥스러울 때 '실패도 하나의 권리다'라고 생각하면 행동할 용기가 솟아난다. 한번 도전해보고 싶은데 실패할까 두려워 시작조차 하지 못한 상태라면 눈을 딱 감고 발상을 전환시켜보자.

25

몇 번이고 져도 좋다.
상처받고 질 때마다
생명의 연료는 더욱 은은하게 빛난다.

참혹한 인생이지만
그 인생을 자기 나름대로 다 살아보라.
후회하는 것보다
재도전하는 편이 낫다.

-단 가즈오, 「딸들에게 보내는 편지」 중에서

단 가즈오(檀一雄) 1912~1976년. 다자이 오사무, 사카구치 안고 등과 함께 문학 활동을 시작해 1937년 첫 작품집 『꽃바구니』를 출판했다. 1950년에 『장한가』 『진설 이시카와 고에몬』으로 나오 키상을 수상했다. 「딸들에게 보내는 편지」는 『일본의 명수필 49 아버지』 등에 수록되었다.

실패를 되풀이함으로써
생명은 은은하게 빛난다

"몇 번이고 져도 좋다. 상처받고 질 때마다 생명의 연료는 더욱 은은하게 빛난다"는 말에는 실패가 부정적인 것이 아니라는 의미가 담겨 있다. 패자가 아름다운 이유는 늘 이기기만 하는 사람이 결코 가질 수 없는 단단한 마음과 내공을 지니고 있기 때문은 아닐까? 넘어지고 쓰러지는 경험이 많아질수록 후회할 확률이 적은 판단을 내릴 수 있고, 인생을 살아가는 지혜도 쌓이며, 자연히 더 어려운 일도 수월하게 넘길 수 있게 되는 법이다.

그렇지만 슬프게도 세상은 점점 각박해지고, 다양한 경험을 해볼 수 있는 기회는 자꾸만 줄어들고 있다. 실패하든 성공하든 이런저런 경험을 많이 해봐야 인생을 살아갈 내공과 지혜가 쌓이는데 말이다. 더구나 현대는 정보화 사회여서 손가락으로 까딱하는 검색만으로도 땀 흘리며 도전하는 일이

나 그 과정에서 생기는 실패를 줄이기 좋은 환경이다. 하지만 이런 방식은 직접 부딪쳐서 얻는 성취의 기쁨을 놓치게 만든다. 과거에는 무언가를 해내기 위해 자신이 크고 작은 시행착오들을 거쳐야만 했지만, 최근에는 인터넷 검색을 통해 무슨 일이든 별다른 실패와 노력 없이 정보를 얻을 수 있는 경우가 많아졌다.

그래서인지 언제부터인가 '실패할까 봐 두렵다' '후회하느니 차라리 도전하지 않는 게 낫다'며 무슨 일이든 소극적으로 대응하고 책임을 회피하는 사람들이 늘어났다. 이런 젊은 이들을 보고 나약해졌다는 둥 정신력을 키워야 한다는 둥 질타 섞인 눈길을 보내는 어른들이 많은 것도 사실이다. 하지만 단 가즈오가 딸들에게 보낸 편지에서처럼 성숙한 어른이라면 이들을 나무라기 전에 '몇 번이고 실패해도 좋다! 도전할수록 삶은 더욱 풍요로워질 것이다'라고 희망과 위로의 메시지를 전해야 하지 않을까?

나 역시 기회를 주지 않는 세상을 살아가는 젊은이들에게 비슷한 조언을 해주고 싶다. 상처받지 않고 패배하지 않고 살아가는 사람은 없다. 그럴 때 마음속 어딘가에 '실패해도 괜찮아'라는 여유를 가진 사람은 흔들리지 않는다. 그러고는 다시 툭툭 털고 일어나 도전을 이어간다. 그에게는 두려울 것이 없기 때문이다. 실패란 삶을 기름지게 하고 빛나게 하는 기쁨인 것이다.

Part 4

삶을 긍정하는 말

절망의 순간에도 살아 있다는 사실 자체에 감사함을 느끼면 그 어떤 일도 극복할 수 있는 용기가 샘솟는다. 그런데 때때로 우리는 하루하루 눈 뜨고 사는 것에 대한 소중함을 잊고 지낸다. 무심코 아무렇게나 흘려보내는 오늘 하루의 값어치에 대해 진지하게 생각하는 사람이 몇이나 될까? 하루의 가치에 대해 고대 그리스의 시인 소포클레스는 "내가 헛되이 보낸 오늘 하루는 어제 죽어간 이가 그토록 바라던 하루다"라는 명언을 남기기도 했다. 하루라는 시간은 쓰는 사람에 따라 그 가치가 달라진다. 오늘이 마지막이라고 생각하면 우리에게 허락된 하루는 천 년의 시간과 같다.

그러니 살아 있다는 사실 이 한 가지만으로도 큰 축복이라 생각하자. 공부도, 연애도, 사업도 과정을 즐기고 지금 이 시간의 기쁨을 최고의 가치로 만들면 원하는 결과는 자연히 따라올 것이다.

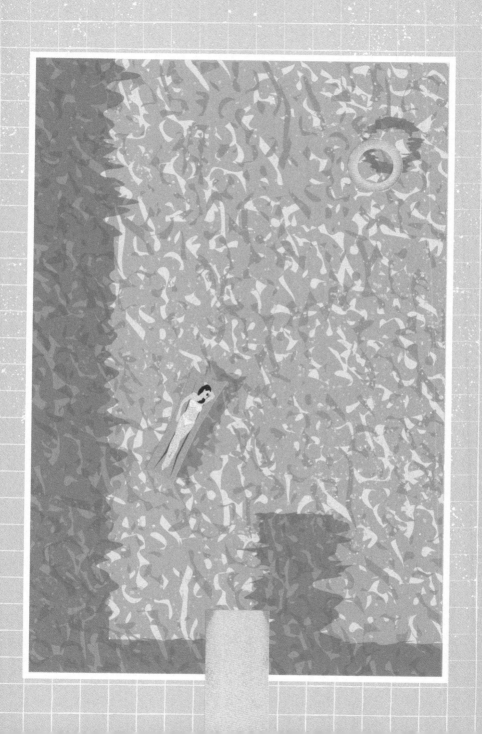

26

즐거운 순간이란
귀한 책을 빌려
첫 장을 넘길 때

즐거운 순간이란
마음을 터놓은 친구들과 떠들며
배꼽 잡고 웃을 때

즐거운 순간이란
가족 모두가 감기조차
걸리지 않고 건강할 때

-다치바나노 아케미, 『다치바나노 아케미 전가집』 중에서

다치바나노 아케미(橘曙覧) 1812~1868년. 에도막부 말기의 시인. 청빈한 삶 속에서 일상과 자연을 자유분방하게 노래하였으며 근대 단카(하이쿠와 더불어 일본의 전통적 시가를 대표하는 정형시)의 선구자로 평가받고 있다. "즐거운 순간이란……"으로 시작하는 52수의 시는 '도쿠라쿠긴(혼자 즐기는 시)'이라 불린다.

가난한 삶 속에서도
즐거움을 찾아낸 시인

다치바나노 아케미는 에도막부 말기에 활동한 시인이다. 그가 쓴 『다치바나노 아케미 전가집』에는 여기에서 소개한 구절들을 비롯해 "즐거운 순간이란……"으로 시작하는 시가 553번부터 604번까지 총 52수나 수록되어 있다.

에도막부 시대의 가난함은 요즘에 비할 바가 아니었다. 백성들은 추수 후 쌀밥 한 그릇 해먹기도 어려웠고, 무명천으로 머리띠를 만들었다는 이유로 사치에 대한 형벌을 받아야 했다. 그런 지독한 가난 속에서도 일상의 소소한 즐거움을 찾아낸 아케미의 시는 삶이 힘겹거나 재미없다고 느끼는 현대인들에게 시사하는 바가 크다.

결혼 후 대학원에 진학해 아이까지 딸려 있던 시절, 나는 아케미의 시를 읽으며 피식 웃기도 하고 따뜻한 위안을 얻기도 했다. 그중에서도 569번 "즐거운 순간이란 가끔 생선을 조리면 아이들이 '맛있다! 맛있다!' 하며 먹을 때", 574번 "즐거운 순간이란 돈이 다 떨어져 슬픔에 젖어 있는데 누군가 나에게 돈을 줄 때", 580번 "즐거운 순간이란 가난한 형편에도 사람들을 모아 술과 음식을 나누어 먹을 때"라는 구절을 읽을 때면 '내 삶을 팍팍하게 만드는 건 나를 둘러싼 외부 조건이 아닌 오직 내 마음이구나' 하는 마음이 들기도 했다.

소소한 즐거움이
오늘을 살아가는 힘

매일 같은 시간에 눈을 뜨고 일어나 집을 나서고 학생이라면 학교에, 직장인이라면 회사에 나가 할 일을 마친 뒤 집으로 돌아와 쓰러져 잠드는 일상. 현대인이라면 누구나 하루하루가 무료하게 느껴지기 마련이다. 삶이 매일 반복되는 쳇바퀴처럼 심심하고 따분하게 느껴지거나, 사는 의미와 이유를 찾지 못할 때면 아케미처럼 "즐거운 순간이란……"으로 시작되는 시를 지어보면 어떨까? 이를테면 "즐거운 순간이란 밤에 가족이 모여 텔레비전을 보며 웃을 때"라든가 "즐거운 순간이란 목욕탕에서 깨끗이 씻은 후 차가운 우유

한잔을 마실 때"처럼 지극히 사소하고 평범한 일이라도 괜찮다. 반복되는 일상이지만 그 속에서도 나를 즐겁게 만드는 일을 찾아 말로 표현해보면 '그래도 버틸 만하다'고 느끼게 된다. 소소한 즐거움 하나하나가 오늘을 행복하고 가치 있게 만드는 힘이 되는 것이다.

그밖에 아케미가 노래한 '즐거운 순간'을 참고해 시를 지어보아도 좋겠다.

"즐거운 순간이란 아침에 일어나보니 어제까지 없던 꽃이 피어 있는 것을 발견했을 때"

"즐거운 순간이란 무심코 읽은 책 속에서 나와 비슷한 주인공을 만났을 때"

"즐거운 순간이란 낮잠을 자는 사이에 마당을 적시며 내리기 시작한 비를 바라보고 있을 때"

"즐거운 순간이란 세 아이가 무럭무럭 자라 어른이 되어가는 모습을 지켜볼 때"

"즐거운 순간이란 마음에 드는 산과 강을 조용히 즐기며 걸을 때"

27

나는 지금까지
이른바 선종의 깨달음이라는 것을 오해하고 있었다.

깨달음이란 어떤 경우에도
태연하게 죽는 것이라는 생각은 착각이었다.

깨달음이란 어떤 경우에도
태연하게 살아 있는 것이었다.

-마사오카 시키, 『마사오카 시키의 병상 육 척』 중에서

마사오카 시키(正岡子規) 1867~1902년. 시인 겸 일본어학 연구가. 단카, 하이쿠의 혁신을 꾀하여 단시형 문학의 방향을 자리매김했다. 말년에 결핵성 척추염을 앓았으며, 『마사오카 시키의 병상 육 척』은 죽기 이틀 전까지 써내려간 수필집이다.

고통 속에서도
편안히 산다는 것의 의미

말년의 마사오카 시키는 결핵성 척추염을 앓아 일어서지 못하고 침상에 누운 채로 생활해야 했다. 같은 책 중 "눈이 얼마나 쌓였는지 몇 번이나 물었다"라는 유명한 구절은 곁에서 그를 쭉 보살펴주었던 여동생에게 바깥의 상황을 묻는 말이다.

집 밖은커녕 이불 밖으로도 나갈 수 없을 만큼 병세가 악화되어 정원에 있는 맨드라미를 바라보는 일만이 유일한 낙이었던 시키에게 '6척 병상'은 하나의 커다란 우주였다. 살아 있는 것이 싫어질 만큼 격렬한 통증에 시달리는 나날. 그 통증을 견디는 가운데서도 시키는 깨달음이란 '태연하게 죽는 것'이 아닌, '태연하게 살아 있는 것'이라는 말을 남겼다. 즉, 어떠한 고통 속에서도 아무렇지 않은 듯 수선 떨지 않고 별일 없이 살아가는 것이 곧 깨달음이라는 뜻이다.

시키의 이 말은 불교에서 말하는 깨달음과 무척 유사하다. 불교에서는 어떤 일이 있어도 담담하게 흐름을 거스르지 않고 살아가는 것을 깨달음이라 한다. 80세로 생을 마감한 석가모니는 당시로서는 상당히 장수한 편이었는데, 그는 세상 모든 것을 있는 그대로 받아들였으며 생의 마지막 순간까지도 편안한 마음으로 눈을 감았다고 한다. 죽음의 원인은 제자가 만든 요리가 상했던 탓이라 전해진다. 석가모니는 음식이 상했다는 사실을 알면서도 "제자가 열심히 만든 음식이다"라고 말하며 먹었다고 한다. 마지막까지 있는 그대로를 받아들이는 삶을 관철시켰던 것이다.

현재를 소중히 여기며 밝은 인생을 살아가라

'사지 없는 인생'의 대표이자 베스트셀러 작가인 닉 부이치치. 그는 선천적 장애로 팔다리가 없이 태어났다. 어린 시절에는 그러한 자신의 신변을 비관해 세 번이나 자살을 시도했지만 헌신적인 부모님의 사랑 덕분에 점점 또래와 어울릴 수 있었고, 일반 고등학교를 졸업한 뒤 대학에까지 진학했다. 한번 생각해보라. 팔다리가 없으면 우리는 무엇을 할 수 있을까? 혼자 밖에 나가는 일도 밥을 먹고 공부하는 일도 할 수 없을 것이다. 하지만 닉은 아무것도 할 수 없다는 생각에 사로잡히기보다는 남들보다 조금은 더 어려워도 할 수 있는 일들을 찾아 하기 시작했다. 그 결과 절대 취미로 가질 수 없을 법한 스케이트보드, 서핑, 드럼 연주까지 섭렵했고, 지금은 전 세계를 돌아다니며 용기를 전하는 연설을 이어나가고 있다.

팔다리가 없는 설움, 일반 사람들은 그 고통을 절반이나 이해할 수 있을까? 그럼에도 닉의 얼굴에는 어두운 그늘이 조금도 없다. 오히려 유머러스한 표정이 빛난다. 그의 모습을 보고 있노라면 아무리 큰 고통이 닥쳐도 '있는 그대로의 현재'를 계속 살아나가는 것이 곧 깨달음이 아닌가 하는 생각이 든다. 지나가버린 불행에 사로잡히거나 쓸데없는 걱정으로 머릿속을 어지럽히기보다는 현재를 소중히 여기며 살아가는 편이 인생을 보다 밝고 빛나게 만들 수 있다. 시키와 닉을 통해 우리도 그러한 삶을 본받아볼 필요가 있다.

28

살짝 마시고 푹 자자.
동트지 않는 밤은 없으니까.

-스기우라 히나코, 「가라스미」 중에서

스기우라 히나코(杉浦日向子) 1958~2005년. 만화가 겸 에세이스트. 에도풍속 연구가로도 활동
하며 당시의 상을 생생하게 만화에 반영했다고 평가받는다. 대표작으로는 「가소」와 「백일홍」이
있다. 「가라스미」는 「극락진미」에 수록되어 있다.

술 한 잔이 있어
다행이다

복잡한 세상을 살아가는 현대인들에게 스트레스는 고질병이다. 그중에서도 아이들은 스트레스를 풀 대상이 한정적인 반면, 어른들에게는 '술'이라는 특권이 있어 얼마나 다행인지 모른다. 물론 과한 음주는 오히려 심신을 해치고 스트레스를 심화시키겠지만, 살짝 마시고 푹 자는 방법은 하루 동안 받았던 소소한 스트레스를 효과적으로 해소하는 데에 그만이다.

나는 집 근처에 남들이 잘 알지 못하는 술집 하나를 단골로 삼아 이따금씩 혼자 술을 즐긴다. 누구에게도 아무런 방해를 받지 않은 채 간단하게 술을 마시다 보면 하루 동안 쌓였던 화와 스트레스가 누그러져 다음 날 오히려 상쾌한 기분으로 일어날 수 있다.

술은 타인과의
거리를 좁혀주는 매개다

특히 인간관계에서 오는 스트레스를 해소하는 방법으로 술자리만한 게 없다고 생각한다. 누군가와 사이가 틀어졌을 때 악감정을 마음속에 담고 있기보다는, 직접 그 사람과 속 시원히 이야기를 나눠보는 편이 좋다. 이때 술을 살짝 곁들이면 몸과 마음의 긴장이 완화되어 상대방과 거리감을 좁힐 수 있다. 소크라테스는 "술은 영혼을 적시고 슬픔을 위로한다"고 말했다. 평소 사교성이 부족하거나 수줍음이 많은 사람일지라도 술자리에서는 대범해지고 자신의 속마음을 있는 그대로 드러내기 마련이다.

무의미한 술자리에 나가 아까운 시간을 흘려보내거나 이기지도 못할 술을 많이 마셔 다음 날을 망쳐버리는 것은 어리석은 짓이다. 그러나 가끔은 술 한잔에 세상사 고민들을 훅 털어 넘기는 낭만 정도는 즐겨도 좋지 않을까? 거기에 숙면까지 취한다면 스트레스 해소에 금상첨화다.

29

한 해의 봄
하루 중 아침
아침 7시
언덕에는 진주이슬이 빛나고
높이 나는 종달새는 지저귀고
달팽이는 나뭇가지 위를 기어가고
신은 하늘에 계신다

온 세상이 평화롭도다!

-로버트 브라우닝, 「봄의 노래」 중에서

로버트 브라우닝(Robert Browning) 1812~1889년. 영국 빅토리아조를 대표하는 시인. 상대방을
의식하면서 독백하는 형식인 극적 독백의 수법으로 『리포 리피 신부』 『안드레아 델 사르토』 등의
명작을 남겼다.

대자연 앞에 서면
온갖 잡념이 사라진다

　　로버트 브라우닝의 시 「봄의 노래」는 '종달새와 달팽이가 있는 봄날 아침은 그저 그것만으로도 평화롭다'는 내용을 담고 있다. 이러한 풍경은 그 자체로 하이쿠(俳句, 5·7·5의 17음 형식으로 이루어진 일본 고유의 단시로 하이쿠에는 계절감을 나타내는 단어를 넣어야 한다는 규칙이 있다)의 세계와 비슷하다. 다만 하이쿠의 세계에서는 '신'이라는 개념이 존재하지 않는다. 일본인에게 있어 자연은 누군가 창조한 것이 아니기 때문이다. 자연 자체가 일종의 신인 셈이다.

　사람의 마음과 상관없이 아침은 계속 찾아오고 계절은 때맞춰 바뀐다. 즉, 인간의 번민과 상관없이 온 세상은 멈추지 않고 움직인다. 대자연을 마주해본 사람이라면 누구나 한 번쯤 자기 존재의 보잘것없음을 깊이 깨달았던 적이 있을 것이다. 그러나 자신의 존재가 어떻든 간에 세상이 움직이고 있다는 사실은 어떤 면에서 고마운 일이다. 세상의 중심에 내가 있는 것도 아니고, 세상이 나를 중심으로 도는 것도 아니기 때문이다.

우리는 때때로 인간으로서의 시각으로 사물을 판단할 때가 많다. 하지만 가끔은 기나긴 시간에 걸쳐 만들어진 자연의 곁으로 돌아가 나라는 존재의 크기와 나를 괴롭히는 고민들의 덧없음을 느껴볼 필요가 있다. 또 작은 풀 한 포기, 나무 한 그루, 새 한 마리가 평화롭게 살아가고 있는 모습을 보면 나도 나의 자리에서 해야 할 일을 다하며 살아야겠다는 동기도 샘솟는다.

평화로운 세상,
그 자체만으로도 위안이 된다

나는 가끔 일에 치이고 화가 나는 일이 있을 때마다 높은 빌딩의 옥상에 올라가 마치 산 정상에서 세상을 내려다보듯 빽빽한 빌딩 숲을 바라보곤 한다. 그러고는 큰 소리로 "온 세상이 평화롭도다!"라고 외친다. 바쁘게 움직이는 사람들과 퇴근을 재촉하는 자동차들, 늦은 시간까지 일을 하느라 꺼지지 않는 사무실 불빛들을 보며 '모두들 저마다의 걱정과 고민을 안고 있지만 그럼에도 평화롭게 살아가고 있다'는 사실을 스스로에게 상기시킨다. 한참을 바라보고 있으면 옥상으로 올라갈 때 가졌던 무거운 마음이 한결 가벼워져 내려가는 길에는 더 홀가분한 기분이 든다.

때로 감당하기 어려운 마음의 동요가 찾아와 안정이 필요할 때 자연의 품으로 가기 어려운 상황이라면 나는 이러한 방법을 추천한다. 바쁘게 돌아가는 세상을 보는 것만으로도 내 삶에 위안이 되고 고통의 크기 또한 줄일 수 있기 때문이다. 거기에 더해 "온 세상이 평화롭도다!"라고 소리 내어 말해보면 기분이 편안해져 우울하거나 포기하고 싶은 마음이 이내 사그라진다.

30

친구에게 속마음을 전하는 것은
두 가지 상반된 결과를 불러일으킨다.

그것은 기쁨을 두 배로 만들고,
슬픔을 절반으로 줄이기 때문이다.

-프랜시스 베이컨, 『베이컨 수상록』 중에서

프랜시스 베이컨(Francis Bacon) 1561~1626년. 영국의 철학자. 근대 철학의 선두에 서서 과학의
시대를 이끈 사람이다. "아는 것이 힘이다"라는 말을 남긴 것으로 유명하며, 대표작으로는 『학문
의 진보』 『새로운 아틀란티스』 등이 있다.

깊은 관계일수록
쓴소리를 아끼지 않는다

사람은 대화를 통해 마음을 치유한다. 스스럼없는 친구와의 수다는 마음의 평정을 유지하는 데에 특효약이다. 가령 누군가와 대화를 나눈 뒤 슬픔이 반으로 줄어들기는커녕 두 배로 늘어났다면 그 사람은 친구로서의 역할을 다하지 못한 것이다. 대화를 통해 기쁨이 두 배가 되고 서로의 마음에 든든한 버팀목이 되어주는 친구, 그런 친구가 단 한 명이라도 있는 사람은 정말이지 행운아다. 베이컨이 남긴 이 말은 어떤 사람이 진정한 친구인지 아닌지를 판단하는 척도로써 유용하다.

나는 그중에서도 '기쁨을 두 배로 만드는 친구'보다 '슬픔을 절반으로 줄이는 친구'가 더 깊은 관계의 친구라고 생각한다. 내가 슬픔과 좌절에 휩싸여 있을 때 보통의 주변 사람들은 '괜찮아' 혹은 '지금 이대로도 좋아'라는 영혼 없는 말을 반복하며 격려해주고 위로해줄 뿐이다. 여러 가지 말을 늘어놓지만 정작 속 깊은 부분까지는 들어가지 못한다. 그런데 그저 가볍게 쓰다듬기만 하는 인간관계는 아무리 거듭해봤자 서로의 진심에 다가가지 못한다. 정말로 좋은 친구는 나에게 무조건 기분 좋은 말만 하는 사람이 아니다. 내가 실수하고 있을 때 실수하고 있다고 말해주는 사람이야말로 진정한 친구다. 그래서 슬픔은 기꺼이 나누고 진심으로 교감하며 비록 엄격한 말일지라도 현실적인 조언을 해주는 친구를 곁에 두어야 한다.

인연을 소중히 여기면
저절로 친구가 생긴다

사실 어른이 되어 사회에 나오면 새로운 친구를 사귀기가 쉽지 않다. 학창시절처럼 아무런 조건을 따지지 않고 가벼운 마음으로 친구를 사귀기가 어렵기 때문이다. 만약 속마음을 터놓고 이야기할 수 있는 절친한 친구가 없다면 교제의 장벽을 조금 낮춰보길 권한다. 마음이 잘 맞거나 취미가 비슷하다고 생각되는 동료가 있다면 가볍게 술을 마셔보아도 좋다. 친구관계를 맺고 싶은 상대가 생기면 적극적이고 진취적인 방법을 동원해 스스로 인연을 만드는 자세가 필요하다. 예를 들어 회사의 입사 동기에게는 같은 해에 같은 회사에 들어왔다는 공통점밖에 없다. 각자 살아온 인생도, 전문 영역도 다르다. 함께 입사한 동기들을 보고 '그래서 어쩌라고?' 하고 생각하면 관계도 거기서 끝이지만, 반대로 '이렇게 만난 것도 인연인데 좋은 관계를 맺어야지'라고 생각하면 절친한 사이로 한 걸음 나아갈 수 있다.

"만남을 축제처럼!" 이 말은 누군가 내게 사인을 요청할 때 자주 쓰는 문구다. 사람과 사람이 만나기까지는 셀 수 없을 만큼 많은 우연들이 얽힌다. 어느 하나의 우연이라도 일어나지 않았다면 우리는 결코 만나지 못했을 것이다. 그러니 누군가를 만날 때마다 '아, 이것도 좋은 인연이구나' 하고 소중하게 생각하려고 한다.

31

이 어두운 바다 같은 평원.
그곳에 빛나는 등불 하나하나는
인간의 마음이라는 기적이
존재한다는 것을 나타낸다.

그 등불의 보금자리 안에서
사람들은 읽고 생각하며
마음속 이야기를 나누었을 것이다.

우리는 서로 맺어지기 위해 노력해야 한다.
들판 여기저기서 타오르는 저 등불들 중
몇몇과 소통하기 위해 애써야만 한다.

–생텍쥐페리, 『인간의 대지』 중에서

생텍쥐페리(Saint Exupery) 1900~1944년. 프랑스의 소설가. 1926년부터 초기 우편비행 사업에
가담했으며, 제2차 세계대전이 일어난 후 군용기 조종사로 종군했으나 정찰비행 도중 행방불명
되었다. 진정한 삶의 의미를 개인의 존재가 아닌, 사람과 사람의 정신적 유대에서 찾으려 했다고
평가받는다. 대표작으로는 『어린 왕자』 『남방 우편기』 『인간의 대지』 등이 있다.

인간의 위대한 힘은
타인에 대한 책임감에서 비롯된다

　　생텍쥐페리는 우편수송을 담당하는 비행사였다. 『인간의 대지』는 1939년에 프랑스어로 발표된 소설로, 그가 오랜 시간 비행을 하며 체험한 사건들과 생사를 넘나들며 체득한 삶의 의미를 서정적인 필치로 그려낸 작품이다.

　　20세기 초반에 우편은 비행기를 통해 대륙과 대륙을 넘나들었다. 기술이 충분히 발달하지 않아 비행에는 수많은 위험이 뒤따랐다. 위협적인 자연에 비해 기술은 초라했다. 비행 중에 갑자기 엔진이 꺼지거나 난류에 휘말리기도 하고, 사막 한가운데에 홀로 떨어지기도 했다. 생명을 위협하는 두려움과 고독 속에서도 사명을 다하기 위해 비행을 계속했던 생텍쥐페리는 이러한 경험을 바탕으로 다양한 작품을 남겼다.

　　『인간의 대지』 전반에 걸쳐 생텍쥐페리가 힘주어 이야기한 가치는 바로 '관계'와 '책임'이다. 죽는 순간까지 비행사로 활약하며 인간에 대한 새로운 시각과 이성적인 인간상을 제시해왔던 그는 인간을 인간답게 하는 가장 중요한 요소로 '타인의 삶에 대한 책임감과 연대의식'을 들었다. 함께 걸어 가는 동료의 손을 놓지 않는 최소한의 책임감, 그리하여 거 대한 자연에 비해 한없이 약한 존재인 인간이 스스로를 포기 하지 않고 자기 안의 위대함을 발견하는 것, 그것이 바로 생 텍쥐페리가 이 책을 통해 보여주고 싶었던 가치다. 제2차 세 계대전과 나치즘의 득세로 인해 비극적이고 끔찍한 상황을 목도하면서, 그는 인간의 연대의식이야말로 삶을 풍요롭게 하는 감정이고, 타인에 대한 책임감이야말로 우리가 지켜내 야 할 유일한 윤리라고 확신했다.

생텍쥐페리의 절친한 친구로 알려진 앙리 기요메는 한겨 울에 안데스산맥에서 조난을 당했다가 불굴의 의지로 살아 돌아왔다. 당시에 동료들은 그가 실종된 지 50시간이 지난 상태였고 겨울의 안데스산맥은 사람이 걸어 다닐 수 없을 만 큼 험준했기 때문에 당연히 죽었을 거라고 판단했다. 하지만 그러한 판단은 잘못된 것이었다.

안데스산맥에 홀로 남겨진 기요메는 어떻게든 살아남기 위해 사력을 다했지만 결국 포기하고는 죽음을 맞이하기 위해 눈밭에 드러누웠다. 그 순간 섬광처럼 혼자 남겨질 아내가 생각났고, 자신의 보험증서로 아내의 삶을 지켜주기 위해 전방 50미터 앞에 솟아 있는 바위까지만 걸어가기로 마음먹고는 한 걸음 한 걸음 발을 내딛었다(당시에는 사람이 실종되면 공식적인 사망은 4년 뒤에 확정되며 그때까지는 보험금을 지급받을 수 없었다. 기요메는 자신의 시신이 쉽게 발견될 수 있도록 하기 위해 바위 위에 누우려고 했다). 그러한 발걸음이 그를 생명의 길로 이끌었고, 결국에는 무사히 살아 돌아오는 기적이 일어났다. 이러한 기요메의 일화를 통해 생텍쥐페리는 극한 상황에서 인간의 위대함이 발휘되는데 그러한 힘의 원천은 누군가를 향한 사랑과 책임감이라는 점을 이야기한다.

작은 등불 하나하나에서
연대의식을 느끼다

칠흑같이 어두운 밤, 생텍쥐페리는 하늘에서 내려다본 대지 위 빛나는 등불 하나하나에서 사람들의 생활을 상상했고, 그곳에 사는 사람들과 멀리 떨어져 있는 자신과의 유대감을 느끼며 마음을 위로했다. 누군가는 책을 읽기 위해, 또 누군가는 자신이 몰입하고 있던 무언가를 위해 무심코 켜 둔 작은 등불들. 자신의 집 창가에 등불을 밝힌 사람들은 그 빛이 까마득한 상공을 날아가는 비행사에게 위안이 된다는 것을 생각할 수 있었을까? 그러나 비행사는 등불 위를 지나가며 인간의 의식을 생각했고 수많은 등불과 자신 사이에서 진한 연대감을 느꼈다. 아마도 생텍쥐페리는 그러한 감정에 의지하여 두려운 마음을 다잡고 불확실한 어둠 속을 계속 날아갈 수 있었으리라.

사실 연대의식이란 그리 거창한 감정이 아니다. 어려움을 딛고 성공을 거둔 사람들의 이야기를 접하면 마치 아는 사람의 일처럼 느껴져 용기가 생기는 것도 하나의 연대의식이다. 또 검은 밤을 비행하는 조종사가 불빛에 의지해 나아가듯이 도심 속 수많은 불빛들을 보며 '모두 열심히 살아가고 있다'고 느끼는 감정도 연대의식이다. 실제 알지 못하는 사람일지라도 그 사람을 지인처럼 친근하게 느끼는 상상력이 우리의 마음을 따스하게 데워주기 때문이다.

자, 유쾌하게 살자.

-프리드리히 니체, 『차라투스트라는 이렇게 말했다』 중에서

프리드리히 니체(Friedrich Nietzsche) 1844~1900년. 독일의 철학자. 실존주의의 선구자로 일컬어지며 '초인' '영겁회귀' 등 새로운 개념을 수없이 만들었다. 『차라투스트라는 이렇게 말했다』는 니체의 대표작 중 하나로 서양에서 성서 다음으로 많이 읽히는 고전으로 평가받고 있다.

유쾌하게 살자는 각오가
삶을 축제로 만든다

나에게 단 한 사람의 영혼의 벗을 꼽으라면 주저 없이 니체를 이야기할 것이다. 인생의 난관을 지혜롭게 돌파하는 데 도움을 주는 문장들이 넘쳐나지만, 니체의 아포리즘에서 추출한 단 한 줄의 무게가 가장 무겁고 깊게 다가오기 때문이다. 니체의 저작 중에서도『차라투스트라는 이렇게 말했다』는 평소에 항상 가까이 두고 보며 삶의 지표로 삼고 있는 동반자 같은 책이다.『차라투스트라는 이렇게 말했다』는 니체가 자신의 사상을 정리한 대표적 저작이다. 주인공 차라투스트라가 10년 동안이나 산속에 틀어박혀 갈고닦은 사상을 여행하며 만난 사람들에게 알려주는 형식으로 쓰여 있다.

니체는 인간을 억압하는 모든 것을 싫어했다. 예를 들어 그리스도교는 한 사람 한 사람의 자유를 빼앗는 억압의 존재라 여겼다. "신은 죽었다"라는 말이 탄생한 것도 바로 이 때문이다. 니체는 모든 인간이 자신의 의사를 갖고 날아올라도 괜찮다고 하며 인간을 해방시킴과 동시에, 지금의 자신을 뛰어넘으라는 메시지를 이 책에 담아냈다. 그렇게 되기 위해 필요한 것이 바로 '용기'와 '유쾌함'이다. "자, 유쾌하게 살자"는 말은 스스로 확고한 의식을 갖고 자신의 삶을 축복하자는, 즉 삶을 긍정하자는 뜻이다.

이 세상에서 삶을 선물로 받아 자신의 뜻대로 움직일 수 있다면, 삶을 축제로 만들지 우울한 고역으로 만들지는 오직 자기 하기에 달려 있다. 그런 의미에서 니체는 유쾌하게 살 각오를 다지자고 이야기한다. 그가 진정으로 사랑했던 건 자유롭고 유쾌하며 희망에 찬 탐구하는 인간이었다.

작은 일에도
최대한 기뻐하라

앞으로의 사회에서는 '유쾌함'이 창의성을 낳고 생산성을 높이며 사람과 사람을 연결하는 끈이 될 것이다. 그중에서도 특히 리더에게 유쾌함이 더욱 많이 요구된다. 과거에는 마구 호통을 치더라도 정이 있으면 사람들이 그 리더를

따랐다. 그러나 요즘은 그렇지 않다. 사람들은 자연스럽게 유쾌한 이를 따르게 되어 있다.

나는 예전에 쓴『유쾌해지는 방법』이라는 책에서 유쾌하게 살기를 '습관화'해야 한다고 주장했다. 유쾌함은 단순히 기질의 문제가 아니다. 마음을 어떻게 가지느냐에 달려 있다. 니체는『차라투스트라는 이렇게 말했다』에서 수차례에 걸쳐 유쾌하게 살기를 당부하고 있다.

"작은 일에도 최대한 기뻐하라. 주변의 모든 사람들이 덩달아 기뻐할 정도로 즐겁게 살아라. 기뻐하면 기분이 좋아지고 몸의 면역력도 강화된다. 마음을 어지럽히는 잡념을 잊을 수 있고, 타인에 대한 혐오감이나 증오감도 사라진다. 부끄러워하거나 참지 말고 마음이 이끄는 대로 마치 어린아이처럼 싱글벙글 웃어라."

복잡한 세상을 살아가는 사람들은 마음속에 어둠과 불안을 안고 살아간다. 그럴수록 자기만의 유쾌해지는 습관을 만들기 위해 노력해야 한다. 유쾌한 사람은 존재만으로도 그 장소를 밝히고 따뜻하게 만든다.

Part 5

나답게 살기 위한 말

삶이 점점 각박해지는 까닭은 나다운 삶을 잃어버린 채 모두가 남들과 똑같은 모습으로 살아가려 하기 때문이다. 부질없는 명성이나 욕망을 좇지 않고 자신의 행동을 확고히 지배하며 살아가는 사람들은 타인을 흉내 내지 않기 때문에 헛되이 세월을 보내지 않는다. 이미 자신만의 길과 결승점을 명료하게 보고 미래에 대한 자신감으로 가득 차 있기 때문에 악조건 속에서도 성장을 거듭한다.

주야장천 책만 들여다보며 20대를 보낸 나에게 친구들은 답답하다며 혀를 찼지만, 나는 나답게 사는 행복과 즐거움을 잘 알고 있었기에 묵묵히 스스로의 길을 걸어갈 수 있었다. 그러니 잘나가는 타인의 SNS를 훔쳐보며 비참해질 필요도 없고, 스스로에게 변명하고 모두에게 이해받으려 애쓸 필요도 없다. 세상이 정한 정답에 굴복하지 않고 오직 나답게, 사막을 건너는 낙타처럼 뚜벅뚜벅 나의 길을 걸어가면 되는 것이다.

33

이제는 더 이상
어떤 권위에도 기대고 싶지 않다

오래 살면서
진정으로 배운 것은 이 정도

나의 눈과 귀
나의 두 다리만으로 서 있다고 해서
무슨 불편함이 있겠는가

기댄다면
그것은
오직 의자 등받이뿐

-이바라기 노리코, 「기대지 않는다」 중에서

이바라기 노리코(茨木のり子) 1926~2006년. 시인 겸 에세이스트. 전후 일본인들의 무력감과 상
실감을 담아낸 「내가 가장 예뻤을 때」라는 시로 평단과 대중을 사로잡으며 일본을 대표하는 여
류시인으로 자리매김했다. 「기대지 않는다」는 1999년 출간된 동명 시집에 수록된 작품이다.

기댄다는 것은
자신의 책임을 회피하는 일

자신의 신념을 굳건히 지키며 살아온 어른들을 만나면 꼭 물어보는 질문이 하나 있다. "그동안 삶을 살아오며 가장 크게 배운 점이 무엇입니까?" 돌아온 대답 중 가장 기억에 남는 말은 "그 무엇에도 기대지 않는 자세입니다"였다. 이 말은 "세상의 유희나 오락 혹은 쾌락에 젖지 말고 관심도 가지지 마라. 꾸밈없이 진실을 말하면서 무소의 뿔처럼 혼자서 가라"는 석가모니의 가르침과 일맥상통한다.

일본 최고의 여류시인 이바라기 노리코는 자신의 시를 통해 기존의 사상이나 학문, 권위에 기대지 않고 오직 진실만을 바라보겠다는 신념을 표현했다고 평가받는다. 50세가 넘은 나이에 남편과 사별한 뒤 자기 치유의 목적으로 한국어 공부를 시작한 그녀는 한국의 문화와 환경, 그리고 역사적 배경을 헤아리며 과거 일본의 잘못에 대해 일본이 가져야 하는 자세를 분명히 제시했다. 또 윤동주 시인을 주제로 쓴 「이웃나라 말의 숲」이라는 시에서는 총칼의 탄압 속에서도 역사를 지켜온 윤동주 시인의 희생에 대하여 "순결만을 동결시킨 눈부신 눈동자와 한글로 시를 쓴 당신의 젊음이 눈부시고 아프다"라며 소신 있는 지성의 외침을 담아내기도 했다.

특정한 사상이나 권위에 기댄다는 것은 일종의 책임 회피와 다름없다. 무언가에 기대어 호가호위하는 사람은 무엇이 옳고 그른지 스스로 생각하지 않지만, 무엇에도 기대지 않고 자신이 옳다고 생각하는 길을 묵묵히 걸어가는 사람은 신념과 언행에 대해 반드시 책임을 진다. 이바라기 노리코가 말한 '기댐'이란 일종의 야합이며, 사상이나 종교, 학문이나 권위도 엄밀하게 야합의 소산일 수 있다는 점을 드러낸다. 1999년에 출간된 『기대지 않는다』는 시집으로서는 이례적으로 무려 15만 부가 팔려나갔다. 그 시집의 타이틀 작품인 「기대지 않는다」는 그녀가 일생을 바쳐 지키고자 한 정신을 가장 잘 보여주는 작품으로 평가받는다.

남 탓하는 자세와
피해의식 버리기

바싹바싹 말라가는 마음을 남의 탓으로 돌리지 마라
스스로 물 주기를 게을리하고서는

나날이 까다로워지는 것을 친구 탓으로 돌리지 마라
유연함을 잃은 것은 어느 쪽인가

초조함이 늘어가는 것을 근친 탓으로 돌리지 마라
무얼 하든 서툴기만 했던 것은 나 자신이 아니었던가

초심이 사라져가는 것을 생활 탓으로 돌리지 마라
애초에 깨지기 쉬운 결심에 지나지 않았던가

안 되는 일 전부를 시대 탓으로 돌리지 마라
가까스로 빛나는 존엄에 대한 포기

자신의 감수성 정도는 자신이 지켜라

이바라기 노리코의 또 다른 시 「자신의 감수성 정도는」 역시 책임을 회피하지 말라는 경계의 메시지를 담고 있다. 요약하자면 '남 탓하지 마라. 다른 이로 인해 내 감수성이 상처 받았다고 생각하는 피해의식을 버려라'는 뜻이다. 그녀는 이 시를 통해 타인이 아닌 자신에게 보다 더 엄격해져야 한다는 점을 강조했다.

2006년 2월 17일, 이바라기 노리코는 지켜보는 이 없는 가운데 쓸쓸히 영면했다. 그런데 어쩐 일인지 그녀의 사망 이후 그녀가 직접 쓴 부고가 지인들에게 날아들었다.

"이번에 저는 (2006)년 (2)월 (17)일, (지주막하출혈)로 이 세상을 하직하게 되었습니다. 이 편지는 생전에 적어둔 것입니다. 저는 장례식과 영결식을 모두 치르지 않기로 결심했습니다. 이 집도 당분간 사람이 살지 않을 테니 조의금이나 조화를 보내지 말아주세요. 되돌려 보내는 무례만 거듭하게 될 것입니다. '그 사람도 떠났구나' 하고 한 순간, 그저 한 순간만 기억해주시면 그것으로 충분합니다. 오랜 세월 당신에게 받은 따뜻한 교류는 보이지 않는 보석과 같이 가슴속에 깊이 간직되어, 환한 빛을 띠며 제 인생을 풍요롭게 해주었습니다. 깊은 감사를 드리며 이별의 말을 대신하려고 합니다. 고맙습니다."

세상을 떠나기 전 그녀가 준비한 고별사를 친족이 일시와 병명을 채워 발송했던 것이다. 세상과의 이별에서조차도 기대지 않겠다는 이바라기 노리코다운 면모를 엿볼 수 있다.

34

마음은 그 자체가 하나의 독자적인 세계다.
그것은 지옥을 천국으로 바꾸고
천국을 지옥으로 바꾼다.

어디에 있는들 무슨 상관이랴,
내 언제나 다름없다면?

-존 밀턴, 『실낙원』 중에서

존 밀턴(John Milton) 1608~1674년. 영국의 시인. 『실낙원』은 밀턴이 정치적으로 물러나고 시력
마저 완전히 잃은 후에 쓴 장편서사시로, 1만 565행에 달한다. 구약성서의 창세기를 주제로 삼
았으며 단테의 『신곡』에 비견되는 걸작이라 일컬어진다.

모든 일은 결국
마음먹기에 달렸다

'마음은 지옥을 천국으로 바꾸고 천국을 지옥으로 바꾼다'는 존 밀턴의 말은 눈앞에 펼쳐진 상황이 마음먹기에 따라 얼마든지 바뀔 수 있음을 의미한다. 사실 세계는 자신의 안쪽과 바깥쪽으로 나누어져 있는 게 아니라, 마음 그 자체가 하나의 세계다. 자신의 마음으로 느낀 것만이 세계이며 자신의 마음을 통하지 않고서는 객관적인 세계를 완전히 알기가 어렵다. 이는 독일의 철학자 에드문트 후설에 의해 창시된 현상학과도 연결된 사고방식이다.

나에게 주어진 현실이
지옥 같다면

'내가 부유한 집안에서 자랐더라면 학비 때문에 아

르바이트를 하지 않아도 될 텐데⋯⋯.'

'주변에 친구가 많았더라면 이렇게 외롭지 않을 텐데⋯⋯.'

'왜 내 삶만 이렇게 고달프고 슬픈 걸까?'

우리는 하루에도 수십 번씩 자신에게 주어진 현실을 부정하고 비관한다. 심지어는 절대로 바꿀 수 없는 현실을 푸념하느라 삶에 대한 의욕마저 잃고 만다. 나는 이런 사람들을 만나면 '자신에게 향해 있던 시선을 세상 밖으로 돌려보라'고 말한다. 내가 처한 고난 속에서 느끼는 고통의 크기는 주관적일 수밖에 없다. 나보다 더 큰 고통을 겪고 있는 사람들을 보면 나의 고난이 견딜 수 있는 정도임을 알게 되고, 더 나아가 내가 처한 지옥 같은 현실이 도리어 천국으로 보이는 계기가 되기도 한다.

작은 고난에도 마음이 뚝 하고 부러지는 요즘 학생들에게 중국 농촌 마을의 가난한 아이들에 관한 비디오를 보여준 적이 있다. 주인공은 '부진'이라는 이름의 여자아이로 집이 가난해 초등학교에조차 갈 수 없었다. 어린 나이임에도 생계를 위해 일을 하느라 부진은 매일 감자를 키우며 살아간다.

부진은 학교에 가지 못한 탓에 예전에 학교에서 받은 교과서조차 읽을 수 없게 되었다. 농촌 마을에 처박혀 살아야 하는 문맹이 되었지만, 그래도 부진은 교과서를 버리지 못했다. 나중에 어른이 되면 꼭 선생님이 될 거라며 눈물과 웃음을 섞어가며 희망을 말하는 아이에게 부모는 학교에 갈 수 없다며 딱 잘라 말했지만, 그래도 부진은 다짐하듯 말했다.

"지금은 어렵지만 그래도 다시 학교에 가고 싶어요."

고단한 환경 속에서도 공부에 대한 끈을 놓지 않는 부진을 바라보며 학생들의 얼굴에는 이내 숙연함이 감돌았다. 참고서와 문제집이 넘쳐나고 텔레비전과 인터넷이 주는 공짜 정보도 봇물처럼 쏟아지는 사회에 살면서 공부하기 힘들다고, 가난해서 고달프다고 그래서 지옥 같은 현실을 벗어나고 싶다고 말하는 학생들에게 부진의 이야기는 행복과 불행을 바라보는 관점을 뒤바꿔놓은 계기가 되었다.

이와 비슷한 일은 또 있다. 2002년 한일 월드컵 당시 일본 국가대표 축구팀 감독이었던 필리프 트루시에는 나태해진 선수들의 마음을 다잡고자 가난한 아이들이 모여 있는 아프리카로 전지훈련을 떠났다. 그러자 선수들의 마음이 '축구를 할 수 있다는 사실에 감사하다'고 바뀌었다고 한다. 나에게 주어진 상황을 당연한 것으로 받아들이느냐, 감사한 것으로 받아들이느냐에 따라 지옥과 천국이 결정되는 셈이다.

한 줄의 문장이
엉망이 된 삶을 일으켜 세우다

1998년 《포춘》이 선정한 여성 최고 비즈니스 우먼 2위, 2003년 미국인들이 가장 좋아하는 방송인이자, 25년간 자신의 이름을 딴 토크쇼를 진행한 오프라 윈프리. 그녀의 화려한 삶 이면에 끔찍이도 불우한 유년시절이 있었다는 사실을 알고 있는가? 사실 그녀는 미국 흑인 빈민가에서 미혼모의 딸로 태어났다. 9살 때 사촌오빠로부터 성폭행을 당했고 그녀 역시 14살의 나이로 미혼모가 되었다. 어린 오프라는 외할머니에게 매일 매질을 당했으며 20대 시절에는 마약에 손을 대 감옥에 드나들기도 했다. 그런 그녀가 실낱같은 희망도 보이지 않던 시절을 뒤로하고 최고의 방송인이 된 계

기에는 새어머니의 조언이 결정적이었다. 오프라는 "책을 읽으면 너의 인생이 180도 달라질 것이다"라는 조언을 마음에 새기고 2주일에 한 권씩 책을 읽어나갔다. 불우한 환경 탓에 어울려주는 또래도 없었지만 오직 책을 친구 삼아 고통스러운 나날을 치유했다.

그 시절 그녀가 읽은 책 중에 가장 큰 힘이 되어준 것은 마야 안젤루의 『새장에 갇힌 새가 왜 노래하는지 나는 아네』였다. 지독한 인종차별과 불우한 가정환경, 10대 시절에 임신하여 미혼모가 된 마야 안젤루의 삶은 오프라의 삶과 매우 닮아 있었고, 오프라는 이 책을 보며 자신도 상처를 극복하고 행복을 얻을 수 있다는 사실을 깨달았다고 한다. 즉, 오프라는 책을 통해 다른 사람을 이해하는 길을 발견했다. 자신과 같은 불행을 겪고 있는 사람들을 하나둘 만나면서 사람의 감정을 이해하는 법을 배웠고, 자신이 처한 최악의 상황을 최고의 상황으로 반전시키는 마음가짐을 배웠다. 그녀는 세상을 원망하고 삶을 포기할 뻔했지만 마음에 새긴 한 권의 책과 문장을 통해 고통을 이겨나갔다.

누구에게나 힘든 순간은 찾아온다. 이때 자신을 일으켜 세우는 말이 있는 사람은 삶을 긍정하고 인생의 고통도 껴안을 수 있다. 내가 처한 상황이 천국인지 지옥인지는 오직 마음먹기에 달려 있다.

35

밤이 되어 친한 친구들을 차례로 불렀다.

"널 만났기 때문에 지금의 내가 있는 거야. 고마워."

가냘픈 목소리를 쥐어짜며
한 사람 한 사람에게 작별을 고했다.
딸은 모든 것을 받아들이고 천사가 되었다.

-모리 에이스케, 「암에 걸려 남은 날의 기록」 중에서

모리 에이스케(森英介) 1939~2009년. 전 마이니치신문 기자 겸 칼럼리스트. 「암에 걸려 남은 날의 기록」은 《하이쿠 알파》에서 2009~2010년에 걸쳐 연재되었다.

내 생의 라스트 신을
어떻게 연출할 것인가?

모리 에이스케의 딸은 서른일곱이라는 젊은 나이에 췌장암으로 세상을 떠났다. 그로부터 몇 년 뒤 운명의 장난처럼 그 역시 췌장암에 걸려 사망하고 말았다. 이 문장은 딸이 사망한 후 임종의 순간을 회상한 칼럼 「암에 걸려 남은 날의 기록」에서 발췌했다.

수많은 암 환자를 치료한 의사들은 "사회적으로 큰 성공을 거두거나 존경받는 사람이더라도 마지막 순간에는 이성을 잃고 발버둥 치는 경우가 많다"고 입을 모은다. 죽음이 임박한 순간에 초연하게 이 세상에서의 관계를 정리할 수 있는 사람이 몇이나 될까? 그런 의미에서 친구들을 불러 감사의 인사를 전하며 생을 마무리한 그녀의 모습은 무척이나 아름답고 경이롭다. 아마도 그녀가 초인적인 정신력의 소유자였기 때문에 그런 마지막 순간을 보낼 수 있었으리라. 이 문장을 보며 나 역시 생의 마지막을 아름답게 정리하고 싶다는 마음이 들었다.

죽음을 인지할 때
하루는 선물이 된다

"인간은 자신이 시간성 안에서 살아 있다는 것(죽는 다는 것)을 의식한다는 점에서 특별한 존재다." 독일의 철학자 마르틴 하이데거가 남긴 말이다. 인간은 다른 생명체와 달리 많은 것들을 의식하는 존재다. 그중에서도 '죽음'을 의식하면서 자신의 존재의의를 생각한다는 점에서 매우 특별하다. 그래서 죽음에 대한 불안을 숨기며 살아가는 것은 인간의 비본래적인 모습이다.

그렇다면 어떻게 죽음을 자연스러운 일로 받아들일 수 있을까? 왕족으로 태어나 풍족한 환경에서 자란 석가모니는 가난과 굶주림으로 고통받는 사람들을 보며 '어째서 이 세상은 고통으로 가득할까?'라는 고민에 이르렀다. 불교에는 '사고팔고(四苦八苦)'라는 말이 있는데, 이는 중생세계의 여러 가지 고통을 일컫는다. 여기에서 '사고'란 생로병사를 뜻하는 말로, 이는 모든 인간이 피할 수 없는 자연스러운 고통이다. 석가모니는 세상에 고통이 가득한 까닭은 욕심과 집착 때문이라 생각했고, 처음부터 탐내지 않으면 괴로움도 없다는 깨달음에 이르렀다. 마찬가지로 죽음이 두렵다고 생각하면 고통이 되지만, 죽음도 필연적인 인간사로 자연스러운 일이라 생각하면 고통이 줄어들기 마련이다. 부처는 인간이 가지는 욕심과 자기중심적인 생각을 떨쳐내고 자연의 섭리에 따라 살아가는 동물들처럼 담담한 마음으로 살아가라는 말을 남기기도 했다.

인간은 죽음을 피할 수 없고 언제 죽음을 맞이할지도 알 수 없다. 하지만 라틴어 '메멘토모리(너는 반드시 죽는다는 것을 기억하라)'라는 말처럼, 언젠가 죽을 존재라는 사실을 인식하면 죽음은 언제 일어나도 괜찮은, 삶의 연장선상에 존재한다는 것을 의식할 수 있다. 그러면 우리는 조금이나마 죽음을 초연하게 받아들일 수 있음은 물론, 삶이 한정된 시간이라는 인식이 강해져 하루하루를 충실하게 살아나갈 수 있다.

36

희망은 좋은 거예요.
아마 가장 소중한 것이죠.

그리고 좋은 것은 결코 사라지지 않아요.

-영화 「쇼생크 탈출」 중에서

쇼생크 탈출(THE SHAWSHANK REDEMPTION, 1994) 스티븐 킹의 중편 소설 「리타 헤이워드와 쇼생크 탈출」을 기반으로 프랭크 다라본트가 대본을 쓰고 감독한 영화. 팀 로빈스가 앤디 듀플레인 역을, 모건 프리먼이 앨리스 보이드 레드 레딩 역을 맡았다. 개봉 당시 극장 흥행 성적은 나빴지만 세월이 흐르면서 전 세계적으로 커다란 인기를 얻었다.

희망이 없는 삶은
죽은 삶이다

만약 사람들에게 '다시 보고 싶은 영화가 무엇인가?'라고 물으면 아마 이 영화를 가장 많이 답하지 않을까? 바로 1994년에 개봉한 영화 「쇼생크 탈출」이다. 촉망받는 은행원이었지만 아내와 그녀의 애인을 살해했다는 누명을 쓰고 억울하게 투옥된 앤디. 그는 지옥 같은 감옥생활에서도 결코 희망을 버리지 않고 지혜와 경험을 바탕으로 살아남아 탈옥에 성공한 뒤 멕시코 남부 마을로 향한다. 여기에서 소개한 대사는 감옥에서 생활했던 당시 절친한 친구가 앤디에게 건넨 말이다.

'희망은 좋은 것이기에 결코 사라지지 않는다'는 말을 뒤집어 생각해보면 '희망이 없으면 인간의 생명력은 쇠약해진다'는 뜻이 된다. 또한 이 말은 '희망을 가진 사람은 결코 죽지 않는다'는 뜻도 품고 있다.

구체적이고 명확한 희망을 가질 때
삶은 앞으로 나아간다

우리가 가져야 할 희망이란 무엇일까? 엄밀히 말해 희망은 꿈이 아니다. 꿈보다 더 구체적인 개념으로, '이렇게 되고 싶다'는 이미지다. 나는 희망을 잃어버린 채 무기력하게 살아가는 청춘들에게 '막연한 꿈보다는 명확한 희망을 가지라'고 이야기하는데, 이는 곧 '동경할 대상'을 마음에 품으라는 의미다. '이 사람처럼 되고 싶다'는 마음은 무언가를 지향할 때 매우 중요한 동력이 된다. 그 이미지를 구체화하면 할수록 목표에 더 쉽게 다가갈 수 있기 때문이다.

만약 자신이 디자이너가 되고 싶다는 꿈이 있다면 막연히 꿈만 꿀 게 아니라 디자이너가 어떤 일을 하는 사람인지 구체적으로 알아야 한다. 또 디자인해보고 싶은 이미지나 이런 디자이너가 되고 싶다는 동경의 대상을 점찍어두면 미래의 모습이 훨씬 더 명확해진다. 자기 안에서 이미지를 명확히 해두면 그것이 나중에는 자신을 이끌어가는 원동력이 되어준다.

구체적인 희망을 갖고 비전이나 이미지를 명확하게 그릴 수 있는 사람은 도중에 쉽게 좌절하지 않는다. 비록 지금은 미래로 나아가는 과정이기 때문에 인정받지 못하더라도 언젠가는 반드시 꿈과 목표를 이루게 될 거라고 굳게 확신하기 때문이다. 그래서 계속 앞으로 나아가는 삶을 살아갈 수 있다. 바로 그것이 희망이 가진 강력한 힘이다.

37

내일도 다시 똑같은 날이 올 것이다.
행복은 평생 오지 않는다 .
그건 알고 있다.

하지만 분명 온다.
내일은 온다고 믿고 자는 편이 좋겠지.

-다자이 오사무,『여학생』중에서

다자이 오사무(太宰治) 1909~1948년. 일본 쇼와시대의 소설가. 20세기 일본 근대문학을 대표
하는 작가로, 인간 내면의 극단적 파멸을 다룬 소설 『인간 실격』으로 논란을 불러일으킨 채 자살
했다. 『여학생』은 1939년에 발표한 소설로 짧은 분량임에도 시대를 초월해 사랑받는 다자이 오
사무의 대표작이다.

행복과 불행에
일희일비하지 마라

       다자이 오사무의 『여학생』은 14살짜리 여학생이 하루 동안 있었던 일에 대해 혼잣말로 중얼거리는 1인칭 소설이다. 14살이란 나이는 아직 확고한 가치관이 없는 불완전한 나이다. 자신이 좋아하는 것과 싫어하는 것에 따라 기분이 자꾸 바뀌는 주인공의 모습에서는 감수성이 풍부한 소녀 나름대로의 괴로움도 엿볼 수 있다.

  소설은 여학생이 아침에 눈을 뜰 때의 기분을 한참 동안 그리며 시작한다. 여학생에게 아침은 능청맞은 심술쟁이다. 돌아가신 아버지 생각도 난다. 졸린 눈을 비비며 학교에 가고, 방과 후에는 친구와 미용실에서 머리를 해보지만 실망스럽다. 작가는 특별한 일 없는 여학생의 하루를 잠들기 전까지 세밀하게 묘사한다. "내일도 다시 똑같은 날이 올 것이다. 행복은 평생 오지 않는다. 그건 알고 있다."

여기에서 "행복은 평생 오지 않는다"는 말은 비관주의의 토로처럼 들릴지도 모르겠다. 그러나 담담하고 대담한 마음으로 살다 보면 설령 행복이 평생 오지 않더라도 괜찮을 것이다. 불교의 가르침에 따르면 이 세상에는 행복도 불행도 없으므로 행복을 추구하는 것은 '있는 그대로를 받아들이는 자세'가 아니라고 한다. 즉, 행복과 불행을 따지지 말고 있는 그대로의 삶을 받아들이면 행복 같은 건 없어도 잘 살아갈 수 있다고 여기게 된다.

그럼에도 반드시
내일은 온다

"이제 곧 100세가 되는 나, 천국에 가는 날도 가까울 터. 그때는 햇살이 되어 산들바람이 되어 여러분을 응원하겠다. 앞으로 괴로운 날이 계속되겠지만 그럼에도 아침은 반드시 찾아온다. 약해지지 마라."

98세에 등단해 '약해지지 마'라는 말 한마디로 일본 전역을 감동시킨 할머니 시인, 시바타 도요. 그녀는 2011년 동일 본 대지진과 쓰나미 피해로 삶이 피폐해진 수많은 사람에게 위와 같은 말로 위로를 전했다.

사실 그녀는 할머니가 되기 전까지 시와는 전혀 무관한 인생을 살았다. 유복한 어린 시절을 보냈지만 아버지의 사업 실패 후 여관 종업원과 요릿집에서 허드렛일을 하며 젊은 날을 보냈고, 20대에는 결혼에 실패하기도 했다. 33살이 되어서야 재혼을 해 외아들을 낳았는데 훗날 아들은 어머니의 시를 산케이신문의 '아침의 노래' 코너에 투고했다. 그리고 무려 6000대 1이라는 경쟁률을 뚫고 할머니의 시가 당선이 되어 등단에 성공했다.

'앞으로 괴로운 날이 계속되겠지만 그럼에도 아침은 반드시 찾아온다'는 그녀의 말이 가슴에 와닿는 까닭은 처절한 시련을 한 세기 동안 경험한 노인만이 해줄 수 있는 최고의 조언이기 때문은 아닐까? 오늘의 삶이 행복하지 않더라도 살아 있는 한 우리에게 내일은 반드시 찾아온다. 그 사실을 깨닫는다면 어떠한 고난도 이겨낼 수 있는 힘이 생겨날 것이다.

마음을 뒤흔드는
'나만의 한 줄'을 발견할 수 있다면

말의 힘이 물리력보다 세다는 사실을 깨달은 것은 사회 초년생 때였다.

사람들이 아무렇지도 않게 내뱉은 말 한마디에도 심장이 바닥까지 쿵 떨어지던 시절, 모든 것이 조심스러워 소심해질 수밖에 없었던 그때 나는 찰리 채플린의 "인생은 가까이서 보면 비극이지만 멀리서 보면 희극이다"라는 말을 자주 떠올렸다. 그러면 나를 괴롭히고 힘들게 하는 것들이 이내 개미처럼 조그매져서 하잘것없이 느껴졌다.

내게 상처를 주는 것도 말이고 나를 구원하는 것도 말이었으니, 나는 더욱더 말에 매달렸다. 다자이 오사무처럼 염세적으로 보이는 작가의 "힘차게 살아가자, 절망하지 마라"라는 말에, 무라카미 하루키처럼 쿨한 개인주의자로 보이는 작가의 "나는 무슨 일이 있어도 두텁고 높은 벽과 거기에 부딪쳐서 깨지는 알 중 알을 선택할 것이다"라는 말에 내 기분은 조금씩 나아졌다. 그들의 말은 그 어떤 슬로건보다 강력하게 내 마음을 잡아끌어 수렁에 빠지지 않도록 막아주었던 것이다.

나는 이곳의 언어가 아닌 저곳의 언어, 나에게 생채기를 내는 말이 아닌 힘을 주는 말을 찾아 게걸스럽게 독서를 했고, 출퇴근길에 책 속 문장을 수혈하듯 몸 안에 채워 넣었다. 물론 그런 식으로 읽은 책이 모두 좋았던 것은 아니다. 어떤 것은 시시했고, 또 어떤 것은 시간낭비에 불과했으며, 그중 몇 권만이 겨우 마음속에서 살아남아 이따금 기억의 수면 위로 떠올랐다. 하지만 나는 책의 역할은 그것으로도 충분하다고 생각한다.

모든 책이 강력한 중력을 지니고 있을 필요는 없다. 모든 책이 프란츠 카프카의 말처럼 "우리 안의 얼어붙은 바다를 깨는 도끼"가 될 수는 없을 테니까. 다만 이런저런 책을 읽는 가운데 간혹 마음을 울리는 문장을 만날 수 있다면, 그것만으로도 독서라는 행위는 무가치해지지 않을 수 있다고 나는 믿는다.

또한 사이토 다카시가 말한 대로 말의 힘이란 책에만 한정된 것이 아니다. 영화에서든 연설에서든 노랫말에서든 자신의 마음에 강력하게 와 닿는 한 줄의 문장을 발견한다면, 그런 문장은 그대로 흘려보내지 말고 소중히 어딘가에 갈무리해두는 편이 좋다. 그 말은 언제 어디서 부딪칠지 모르는 인생의 '벽'을 뛰어넘게 해줄 주문이 될지도 모르니까.

사이토 다카시를 지탱해준 문장들을 하나하나 옮기며, 또 그가 언급한 책이나 연설문 등을 직접 찾아보기도 하며 나는 언어가 가진 힘을 새삼 재확인했다. 평범하고 상투적으로 보이는 문장도 배경을 알고 다시 읽으면 신기할 만큼 다른 느낌으로 다가왔다. 문장의 힘에 마음이 흔들리는 것은 언제나 기꺼운 일이다.

기분이 산란할 때, 현실로부터 멀리 달아나고 싶을 때 이 책의 아무 페이지나 펼쳐서 거기에 쓰인 문장을 읽어보면 어떨까. 만약 마음에 드는 문장을 발견했다면 그 문장의 원래 출처인 책이나 영화 등을 찾아보는 것도 이 책을 최대한으로 활용할 수 있는 방법이다. 그런 과정 가운데 마음을 뒤흔드는 '한 줄'을 발견할 수 있다면, 그것으로 이 책은 자신의 역할을 다한 게 아닐까.

2017년 4월
이지수

옮긴이 이지수

고려대학교와 사이타마대학교에서 일본어와 일본문학을 공부했다. 편집자로 일하다가 번역가로 전향했다. 텍스트를 성실하고 정확하게 옮기는 번역가가 되기를 꿈꾼다. 옮긴 책으로는 사노 요코의 『사는 게 뭐라고』 『죽는 게 뭐라고』 『자식이 뭐라고』 『이것 좋아 저 것 싫어』를 비롯해 『내 생애 마지막 그림』 『니체의 인간학』 『아주 오래된 서점』 등이 있다.

한 줄 내공

초판 1쇄 발행 2017년 4월 7일
초판 2쇄 발행 2017년 5월 8일

지은이 사이토 다카시
옮긴이 이지수
펴낸이 김선식

경영총괄 김은영
책임편집 임보윤 **디자인 및 일러스트** 이주연 **책임마케터** 최혜령, 이승민
콘텐츠개발1팀장 한보라 **콘텐츠개발1팀** 봉선미, 임보윤, 이주연, 노희선
마케팅본부 이주화, 정명찬, 최혜령, 양정길, 최혜진, 최하나, 김선욱, 이승민, 이수인, 김은지
전략기획팀 김상윤
경영관리팀 허대우, 권송이, 윤이경, 임해랑, 김재경

펴낸곳 다산북스 **출판등록** 2005년 12월 23일 제313-2005-00277호
주소 경기도 파주시 회동길 357 3층
전화 02-702-1724(기획편집) 02-6217-1726(마케팅) 02-704-1724(경영관리)
팩스 02-703-2219 **이메일** dasanbooks@dasanbooks.com
홈페이지 www.dasanbooks.com **블로그** blog.naver.com/dasan_books
종이 (주)한솔피엔에스 **출력·인쇄** (주)갑우문화사

ISBN 979-11-306-1186-0 (03320)

© 사이토 다카시, 2017